顾亚红———著

独行不知芳华久

奥黛丽·赫本传

BIOGRAPHY
OF
AUDREY
HEPBURN

江苏凤凰文艺出版社
JIANGSU PHOENIX LITERATURE AND
ART PUBLISHING, LTD

CONTENTS
独行不知芳华久：
奥黛丽·赫本传

自序：如此精致，如此美好

第一卷 被战争偷走的梦想

第二卷 龙套女孩的明星路

·自 序·

如此精致，如此美好

起初，我对于奥黛丽·赫本的喜爱，只是因为她的电影。

是十六岁那年的秋天吧，家住县城的同桌给了我一张粉红色的电影票。她避开讲台上老师那双正向我们扫视的鹰眼，给我递了张纸条：《罗马假日》！逃课！

那年的逃课经历，真让人终生难忘。

在徒步去县城的半路上，下了场雨，电影票被雨水浸烂，那个检票的胖妇人拦在门口，死活不让我们进去。更过分的是，竟连我们隔门听声的哀求也不答应。我们灰溜溜地回到教室，刚一坐下，班主任就如同神兵天降，将我们吼到了办公室。

就在那间办公室里，我和我的同桌，两个连赫本的声音都没听着的倒霉蛋，把我们人生中宝贵的第一份检讨书献给了奥黛丽·赫本。

后来，有机会看到《罗马假日》以及赫本的其他电影，已是匆匆多年之后。先是去音像店租碟，回家后一遍遍地看，后来有了网络，我几乎将能找到的赫本的电影一部部看了个

饱——《窈窕淑女》《蒂凡尼的早餐》《龙凤配》《甜姐儿》
《谜中谜》《修女传》……

当我们喜欢一个人的时候，自然而然地想多了解她一
些——为什么影迷们至今仍对她念念不忘？仅仅是因为她有
一张天使般的脸庞吗？

这个被誉为人间天使的女子，她拥有一种怎样的人生？
她的童年幸福吗？她最初的梦想就是拍电影吗？她和她的爱
人之间，发生过哪些故事？除了拍电影，她还有哪些爱好？
她喜欢养宠物吗？

就这样，带着一个又一个问题，我慢慢地走进了赫本的
世界。这是一个跌宕起伏的世界，同时又是一个精彩纷呈的
世界。

用命运多舛来形容赫本，当不为过——

婴儿时期，差点死于百日咳；童年时，被父亲抛弃；年
少时，遭遇二战，经受着饥饿与疾病的袭扰；战后，芭蕾梦
被判处死刑；暮年，饱受癌症的折磨……

而她的情路，亦是崎岖坎坷——

初恋被众人看好，结果无疾而终；两段婚姻，虽勉力维
持，最终相爱却还是成了相爱过；还有，曾经爱过的那些人，
均如雨打风吹去……

然而，这个世界上真的没有哪个女人，像赫本活得那么
精彩。她把太多的美好赠予尘世，把无限的坚强留给人间。

她敬业，被誉为"敬业先锋"。一生获奖无数，电影奥
斯卡奖、戏剧托尼奖、音乐格莱美奖、电视艾美奖……她抒

写了属于自己的传奇。

她时尚，是公认的"时尚领袖"。从不盲目跟随潮流，她的美，在那个时代，就是一种对时尚的颠覆。她的"赫本头"、衬衫长裙、平跟鞋，甚至一只衔在嘴里的烟斗，都会成为无数女性竞相模仿的对象。

晚年，赫本欣然担任联合国儿童基金会的亲善大使。为了那些受苦受难的儿童，她不顾生命危险，走访索马里。她发表演讲，呼吁全世界对那些儿童给予关注。她的足迹几乎遍及世界的每一个角落。如果慈善也是一部大电影，那么赫本同样将自己的角色——联合国儿童基金会亲善大使，演绎成了经典。

于是终于明白，我对赫本的喜爱，绝不仅仅是因为她的电影。

赫本的特质、赫本的精神、赫本的人格力量，这些都是我，还有全世界不计其数的赫本迷们，死心塌地爱着赫本的理由。

这个不平凡的女子，曾经于某一年，对着花园里百花竞放、争奇斗艳的景象发出过这样的感慨："美得让人难以置信——如此美好，如此精致。"

而我，愿借此书，将"如此美好，如此精致"这八个字，献给赫本。也只有美好如赫本，精致如赫本，才担得起这八个字。

·第一卷·

被战争偷走的梦想

第一章 听说，上帝他来过

01

来吧，小精灵

对于即将临盆的二十九岁荷兰女爵埃拉·范·希姆丝特拉来说，1929 年 5 月的布鲁塞尔，无比美丽，同时又让人无比忧伤。

四年前，埃拉的第一任丈夫，范·乌佛德，从她的婚姻中抽身而退另娶他人，在她与两个儿子的生活中销声匿迹。从此，埃拉的忧伤，便只与眼前这个四十岁的男子有关——

约瑟夫·维克多·安东尼·罗斯顿。

曾经，罗斯顿，这名英国男子，是埃拉的骄傲与最爱。

1925 年，埃拉与罗斯顿结识于荷属东印度群岛的巴达维亚（今印度尼西亚的雅加达）。其时，埃拉离婚不久，带着两个年幼的儿子亚利克斯和伊安。

那年的罗斯顿，怎么可以那么英俊！衣着光鲜得体，水彩笔毛般的胡须漂亮而性感。要命的是，他还是一个无所不能的才子！擅长摄影，精通驯马，能开滑翔机，还会说十三种语言！

当然，最最重要的是，他还对埃拉那么深情！那双天鹅绒般的黑眼睛，就在人群之中不露声色地看着她，可埃拉分明看到了那双黑眼睛里正噼噼啪啪燃烧着爱情的火花！而这，正是离异之后渴望情感安慰、渴望为亚利克斯和伊安找到一个新爸爸的埃拉迫切需要的！

埃拉的女爵背景与高尚的教养，同样深深吸引着罗斯顿。一个拥有贵族头衔的优雅女人，举手投足、一颦一笑，既端庄，又有恰到好处的娇羞！罗斯顿几乎可以断定，他嗅到了自己一直心向往之的那种叫作"上流社会"的味道。

两人如同铁屑，以光速射向了彼此的爱情磁石。

那段一起参加舞会、一起观看比赛、一起观赏阅兵、一起在餐厅用餐的日子，是连想一想都能让埃拉全身颤抖不止的幸福。

然而，美中不足的是，罗斯顿是个有妻子的人了。不过，对热恋之中的罗斯顿和埃拉而言，这根本就不是问题。罗斯顿的妻子柯内莉雅·威廉明娜·毕肖普虽然拥有丰厚的祖产，但她明显另有所爱。没费多少唇舌，罗斯顿很快如愿以偿，与毕肖普离了婚，离开了那个全部用黄金和象牙装饰的家。哦，不，那不是家。没有了爱，再多的黄金象牙，再多的仆人簇拥，堆砌出的也只是让人窒息的墓园。

1926 年 9 月 7 日，埃拉与罗斯顿顺利成婚。

其实，埃拉应该想到的，爱情是一回事，婚姻则是另一回事，正如她的第一次婚姻。范·乌佛德是埃拉愿意永远尘封的往事。然而，当年初识时，范·乌佛德又何尝不是魅力四射的钻石王老五？

婚后，埃拉悲哀地看到，罗斯顿真实的一面渐渐显露出来。沉稳的表层之下暗藏着的，是对她尊贵的女爵身份的贪慕；多才多艺的背后，是不务正业。他根本不想工作，他想要的，不过是能够靠着她娘家的丰厚产业轻松度日，享受人生。

唉，这些倒也罢了，更让埃拉难以忍受的是，罗斯顿的行为举止越来越怪僻，甚至发展到无法与她顺畅地交流。对她与前夫范·乌佛德所生的两个儿子，八岁的亚利克斯和四岁的伊安，更是态度冷漠。

埃拉给自己和儿子们一个温暖完整的家的愿望，在罗斯顿拒绝工作、激烈的反共言论及生活中林林总总的鸡零狗碎面前，变得那样遥远与不堪一击。

仿佛是黑夜里的一点星光，埃拉惊喜地发现，自己怀孕了。从得知自己怀孕的那一刻开始，埃拉就不停地祷告：上帝啊，请赐给我一个小精灵一般的女儿吧！

埃拉想，如果上帝能赐给她和罗斯顿一个女儿，说不定也能同时赐给罗斯顿一个好丈夫与好父亲的模样。

而罗斯顿呢，似乎确实有了些改观——他答应带着埃拉和孩子们离开英国，到比利时布鲁塞尔的一家英国保险公司，好好地干一份前景光明灿烂的工作。

站在前往布鲁塞尔的航船甲板上，尽管暴风不止、巨浪滔天，埃拉还是对即将在布鲁塞尔开始的新生活充满了期待。

02

爸爸是座大冰山

上帝一定来过！一定听到了埃拉的祷告！

1929 年 5 月 4 日，布鲁塞尔的某出租屋里，一个漂亮的大眼睛女婴呱呱坠地。

埃拉心满意足。

十周后，埃拉与罗斯顿夫妇向英国驻布鲁塞尔领事馆登记了小女婴的出生信息。从此，这个漂亮的小女婴有了自己的名字——奥黛丽·凯瑟琳·罗斯顿，随父亲入英国籍，终生持英国护照。

还是让我们习惯性地称这个可爱的小女婴为赫本吧。

虽然埃拉和保姆对小赫本的照顾无微不至，5 月底，小赫本还是患了一场严重的疾病。那场来势汹汹的百日咳，差点将小赫本从埃拉的身边夺走。埃拉是虔诚的基督教科学派成员，相信上帝无所不能，所以，尽管小赫本的病情凶险，她并没有带小赫本去看医生，而是一直不停地在家里做祷告，念祈祷文。

不过这一次，上帝似乎走了神，没能听到埃拉的祷告。小赫本的病情越来越严重，几次剧烈的咳嗽之后，出现了呼吸停止的症状，并且，全身开始慢慢地变紫！

保姆惊慌失措，埃拉却并没有慌张。

她一边继续镇定自若地向上帝祷告，一边使劲拍打着小赫本的屁股。

哦，上帝！奇迹出现了！小赫本她竟然活过来了！

若干年后，赫本与大儿子肖恩谈到这段往事时，曾如此调侃道："如果将来我要写自传，开头定会这样写：1929 年 5 月 4 日，我出生在比利时布鲁塞尔……六周后，我告别了人世。"

如埃拉所愿，这个大难不死重获新生的小宝贝，果然是一个人见人爱的小精灵。她聪明伶俐，那双忽闪忽闪的大眼睛里，写满了对世界的惊奇。她对所有人都很友善，只要这个小精灵一笑，在埃拉眼里，整个布鲁塞尔都是春天。

原以为这个小精灵的到来，会唤醒罗斯顿暂时沉睡的父爱以及对家庭的责任感，然而，埃拉终究还是失望了。因为罗斯顿对小赫本的疼爱，并不见得比对亚利克斯和伊安多上一丝一毫。而且，罗斯顿不止一次地抱怨，他讨厌自己那份味同嚼蜡的工作。

原先夫妇之间就已存在的那种令人窒息的疏离感，如同一件陶器，摔落在婚姻的地板上，那些细密的裂纹，以无可挽回之势，向岁月的纵深处爬行。

天真烂漫的小赫本如何洞悉得了父母婚姻的危局？只要看到父亲的身影，小赫本就会兴奋地跑过去迎接。然而，小赫本等不来父亲的搂抱与亲吻，在父亲的脸上，永远写着冷淡与不耐烦。

小赫本以为一定是自己不够乖，不够努力，所以，更加卖力地跟着母亲学习读书写字、学画图、学音乐，然后满怀希望地表现给父亲看。

然而，让小赫本伤心失望的是，父亲对她，冷漠依旧。罗斯顿很多时候不在家，总是要去伦敦出差，好不容易回到布鲁塞尔的家，又总爱到市中心去谈论时事。

而埃拉呢，经历了第一次婚姻的失败，如今罗斯顿与自己的婚姻也在风雨之中飘摇，眼看又面临触礁的危险，所以，即使面对心爱的女儿，埃拉也渐渐地不再真情流露。埃拉当然是爱女儿的，埃拉怎么可能不爱女儿呢？可是，她只能选择做一个严肃的母亲。埃拉从小接受的是传统的贵族礼仪教育，所以她认为，礼仪与尊严，应该远在宠溺之上。如此，除了睡前一吻，小赫本很少能从埃拉那儿享受到其他亲昵之举。很多时候，从母亲那儿，小赫本所能听到的，都是"要准时""记得要想着别人""不要老是谈你自己，你没什么了不起，这世上还有别人"这样的命令或责备。

爱我呀，爱我呀。

不知道这一回，上帝有没有听到这个可爱又可怜的小精灵内心的呼喊？

03

不辞而别

　　还好小赫本有两个玩伴——同母异父的哥哥亚利克斯和伊安。

　　亚利克斯和伊安经常瞒着母亲，偷偷带小赫本去爬树，一起到乡间散步，一起玩比手猜脚的游戏，有时也会搞一些恶作剧。对小赫本来说，能远离冷漠的父亲与严厉的母亲的视线，与亚利克斯和伊安尽情玩耍，是一件非常快乐和幸福的事。

　　可惜，快乐的日子总如夜空中的烟花，璀璨却非常短暂。小赫本五岁那年，亚利克斯和伊安就离开家住校去了。

　　小赫本的童年，过得有些寂寞。

　　若是能跟着埃拉去荷兰安恒的外公外婆家玩些日子，那简直就是小赫本的节日。小赫本非常喜爱安恒，因为安恒有慈爱的外公和外婆，他们会给小赫本从罗斯顿和埃拉那儿得不到的爱。

　　渐渐长大的小赫本发现，父亲与母亲的争吵日渐增多。不吵的时候，两人基本就处于冷战状态。小赫本非常不喜欢家里这种沉闷和紧张的氛围，然而，小小的她，除了偷偷地哭泣，别无他法——当着他人的面大声哭泣，在母亲埃拉那儿，是不符合贵族礼仪的，会受到严厉的呵斥。

父亲有一天会离开这个家吗？小赫本整日提心吊胆。

布鲁塞尔民风淳朴，保守派居多。法令明令禁止极端主义分子、支持革命的社会主义者和受德国影响的国家社会党人担任公职，然而，这些人的数量却与日俱增。

小赫本五岁那年，比利时几乎所有政府单位都可以看到法西斯党人的身影。虽然这些法西斯党人还没有掌控政府，却对布鲁塞尔产生了极大的影响。

罗斯顿和埃拉都受到了法西斯党人的影响，尤其是罗斯顿。

罗斯顿的政治观点倾右，很快就被法西斯理念深深吸引，在纳粹信徒举行的政治舞会上，经常可以看到罗斯顿的身影。而埃拉，也曾有过同样的政治偏见。

1935 年，罗斯顿和埃拉曾为恶名昭著的奥思沃德·莫斯利领导的英国法西斯联盟积极筹集经费和招募人才。

罗斯顿和埃拉与法西斯主义的这些过往，都让赫本终生愧疚。

1935 年 4 月 26 日，在莫斯利创办的周刊《黑衫军》上，罗斯顿以埃拉的名义写了一封公开的支持信："我们这群受到法西斯主义感召、追寻胜利之路的人，已彻底明白了我们原先不明白的一切。我们终于突破束缚，走上救赎之路。我们追寻莫斯利爵士，在他身上，我们看到了领袖精神，他的视野不受世俗事物拘泥，他的启发达到更高层面，他的理想让英国随着性灵重生的新黎明前进。"5 月初，罗斯顿和埃拉前往慕尼黑，与希特勒共进午餐，作陪的是莫斯利的几位亲密盟友和一些名流。两人甚至因此错过了小赫本的六岁生日。

尽管如此，埃拉与罗斯顿的婚姻之舟，还是行到了水枯云散处。

其间，罗斯顿整日郁郁寡欢，懒散度日，甚至连工作也不愿意去做。

小赫本只能和洋娃娃说话。其实，小赫本更喜欢与父亲在一起，然而，父亲浑身上下依然散发着冰山一样的气息。

相反，倒是那些小动物，兔子啦，小鸟啦，猫与狗啦，能让小赫本感受到一点阳光与活力。

小赫本多么希望父亲能向自己敞开温暖的怀抱："来，宝贝，爸爸抱抱……"

然而，小赫本这么一点可怜的愿望，也很快地彻底幻灭。

第二章 转身，一世爱与愁

01
那些经年难愈的暗伤

1935 年 5 月底，没有争吵，没有告别，毫无预兆，罗斯顿忽然收拾了衣物，走出家门，一去不回。

父亲的突然消失，成为赫本心中一个终生难解的巨大心结。

父亲离开的身影，是赫本一生一世难以排解的哀愁。

那是一种难以言说的钝痛。如同小兽，常年蛰伏在赫本身体的某一处，总会选择一个时机，折磨她，甚至噬咬她。

父亲离开后，年仅六岁的赫本不停地问自己，是因为我做错了什么吗？是因为我是一个不值得父亲去爱的孩子吗？

可是，父亲，只要你不离开我，这些，我都可以改的啊！

忧伤铺天盖地而来，从此笼罩在这个活泼可爱的小精灵全身。沉重的罪孽感带来的打击，几乎使小赫本陷于崩溃的边缘——为什么别的孩子有父亲而我没有？我会永远成为一个没有父亲疼爱的孩子吗？父亲还会回来吗？

对罗斯顿的出走，埃拉深感愤怒与悲哀。但埃拉给不了小赫本答案。她只能不停地向小赫本做出保证，父亲的离开，与你无关。

但小赫本还是很悲伤，日夜哭泣。当然，会尽可能地瞒着埃拉。

成年后，忧伤仍然如同烙印，与赫本如影随形，甚至成了赫本的特质之一。

如果要用一个词来形容赫本，作曲家亨利·曼奇尼会毫不犹豫地说，赫本是一个有种"淡淡的忧伤"的女子。

而在深深爱恋过赫本的剧作家安德森眼里，赫本也同样"很忧伤"——"美丽，忧伤而浪漫"。

在赫本的长子肖恩笔下，母亲虽然对他疼爱无比，恨不得将全世界所有的快乐都送给他，然而肖恩还是能从母亲的身上，感受到她"内心一贯的哀愁"。

一个在童年时就遭到父亲抛弃的孩子，心理阴影有多大，真的无法用纸笔去计算。

罗斯顿走后，本就严肃和挑剔的埃拉不得不变本加厉地扮演严母的角色。在埃拉的严厉管束之下，小赫本学会了掩饰自己内心的情感。因为小赫本看到了严厉的母亲的另一面。母亲并没有强大到坚不可摧的地步，有她脸上的泪水为证。

小赫本知道，母亲内心的痛苦，一定比自己还要多、还要深。所以，尽管小赫本害怕极了，感到没有了父亲的世界开始天崩地裂，但她还是告诫自己，绝对不可以对着母亲哭闹不休，也不可以对着母亲追问那个她一直想知道答案的问题："爸爸为什么不要我们了？"

对一个只有六岁的小女孩来说，需要克制的太多太多，也太难太难——对父亲的想念，必须克制；对被抛弃的恐惧，必须克制；对内心深处爱与被爱的渴望，更要克制。

也有克制不住的时候。有时，小赫本随埃拉上街，看到路上有娃娃车，就会停下来，伸出手去，想抱一抱车上的宝宝。

对小赫本的举动，埃拉感到非常难为情。同时，目睹此情此景，她也心酸不已。这个世界欠女儿一个深情的拥抱。

其实，埃拉最该想到的是，她应该给予赫本更多的爱。

埃拉努力地去做了。但是，她用的方式是，严厉，更严厉！

如此，赫本只能将内心渴望被爱的情感需求尽可能地压制下来。

赫本不止一次地说，母亲是爱我的，但那时，我感觉不到。

成年后的赫本，仍是一个非常克制的人。

与赫本一起共事过的导演、剧作家、演员们都有同感，即使赫本再怎么焦虑不安，仍会努力克制，力持沉着。

罗斯顿的离开，留给赫本的，除了忧伤与克制，还有安全感的缺失。

肖恩认为，因为外公罗斯顿的一去不回，母亲终生都不相信爱会永恒存在。

是的，成年后，赫本对感情永远都有一种极大的不安全感，总担心自己所爱的人会突然离开。所以，在人际交往中，赫本非常感谢别人为自己付出的感情，尽可能地回应对方，然而，这种不安全感，还是不可避免地影响到了赫本后来的婚姻生活。

在与梅尔和多蒂的两次婚姻中，应该说，除了梅尔与多蒂身上存在的种种问题，赫本的这种不安全感，其实也是导致两段婚姻失败的隐形杀手。赫本渴望被爱，也竭尽全力去爱梅尔和多蒂，而当自己的爱没能得到对方的回应时，赫本便会选择放手。

赫本心里的这些暗伤，有谁能懂?

02
肯特郡的难忘时光

　　埃拉带着赫本，被荷兰的家人接回到安恒生活。

　　能和外公外婆在安恒度日，多少抚平了些小赫本心头的创伤。

　　罗斯顿的出走，促使埃拉做了一个重大决定，送小赫本去英国的肯特郡过住校生活。

　　一个才六岁的小女孩，还没从被父亲抛弃的沉重打击中走出来，就又得被迫接受只身一人到另一个陌生的国度去住校读书的现实。

　　小赫本实实在在地吓坏了。

　　然而，小赫本知道，所有的挣扎与抗拒，到了母亲面前，都是无效的。母亲的决定是不可能改变的。

　　既然无法改变既定的现实，还不如说服自己，坚强面对。

　　当时的人们普遍认为，将出身高尚的小孩子送出去过住校生活，有利于培养孩子成熟和坚强的性格。加之从 1934 年开始，荷兰发生过多次暴动，失业率居高不下，境内一片混乱，这也是埃拉决定将小赫本送到英国住校的重要原因。

　　当然，还有一个更为重要的关键因素。在律师起草的分居文件中，罗斯顿要求享有对小赫本的探视权。在几乎所有人都认为埃拉不可能答应这个不负责任的男人的要求时，埃拉却出人意料地一口答应。埃拉终究是爱女儿的——罗斯顿在伦敦，如果他能偶尔抽出点时间去肯特郡看看女儿，对渴望父爱的小赫本来说，也是一种弥补。

然而，1936 年到 1939 年，赫本在肯特郡住校的那四年，罗斯顿只探望过女儿四次。对此，赫本不无伤感："如果我能经常看到他，一定会感到他爱我，一定会觉得我有父亲来关怀。"

尽管只有四次，但还是留下了一些美好的回忆。

那段日子里，最让小赫本难以忘怀的，是罗斯顿带着她搭双翼小飞机到英国东南部玩。坐在飞机上，风在耳边呼啸，云在眼前缭绕，一切都是那样新奇与刺激，小赫本不由得兴奋不已。可惜，能像这次一样，有父亲陪在身边，享受飞行快乐的机会，实在太少太少。

其实，罗斯顿是经常到肯特郡的。然而，他的心里有比去见女儿更为重要的事情。作为英国法西斯联盟的信徒，他得经常去与从布鲁塞尔回来的老朋友阿瑟·泰斯特见面。这个泰斯特的名声可不怎么好听，甚至可以用臭名昭著来形容，因为他常将纳粹的宣传品从德国带到英国莫斯利的总部。从罗斯顿先前与莫斯利和希特勒的关系来看，罗斯顿与泰斯特过从甚密，其实并不奇怪。而且有一种说法，罗斯顿之所以离家去了伦敦，便和这个泰斯特有关。

还好，二战一爆发，罗斯顿就被软禁在了马恩岛。而埃拉在后来纳粹主义日益残暴时，深感自己从一开始就误解了纳粹的思想，对自己当初与希特勒、莫斯利等人的接触更是深感懊悔。从 1937 年起，埃拉与英国法西斯联盟的关系就已经结束。

这些，是让赫本略感欣慰的。罗斯顿与埃拉从来没有支持过希特勒推行的战争政策和种族大屠杀行为，他们从来没有伤害过任何人。这一点，对赫本来说，非常重要。

不说罗斯顿、埃拉和法西斯主义的渊源了，咱们还是回到被放逐到肯特郡住校的小精灵身上来吧。

在起初的惊恐不安之后，小赫本渐渐喜欢上了肯特郡的住校时光。老师、同学都很友好，历史、神话、天文学等都很有趣，都让小赫本觉得"这的确是很好的独立课程"。不过，小赫本可不是所有课程都喜欢的，比如数学就有那么一点讨厌。还有，长时间待在教室里学习，对活泼好动的小赫本来说，也是一种考验。

而每周一次的伦敦芭蕾老师教授的舞蹈课，则是小赫本四年住校时光里的心头好。

如果罗斯顿没有离家出走去伦敦，也许埃拉未必会送小赫本到肯特郡去住校，那么，小赫本也就不会与芭蕾结下不解之缘。如果没有芭蕾，赫本就不会遇上她一生的贵人兰伯特，更不会走上后来的舞台剧和电影表演之路。

所以，上帝在拿走你一些东西的时候，请不要一味抱怨，因为上帝会在其他地方对你有所补偿。

你能做的，就是在每一个时段，做最好的自己。

03
爱的救赎

1939 年夏天，埃拉来到肯特郡，带十岁的赫本去英格兰海边的福克斯顿度假。

就在这年的 9 月初，二战爆发。纳粹入侵波兰。

世事瞬息万变，英法等国向德国宣战，英国空军攻击了希特勒的海军。

英国既已卷入战争，肯特郡是万不能再去的了。

世界不太平，硝烟四起，何处寻安宁？

只有去安恒了——荷兰是中立国，埃拉认为，德国人是绝不会攻打荷兰的。

主意既定，埃拉火速带着赫本回到父母在荷兰安恒的家。

9 月底，埃拉接到法律文件，与罗斯顿的婚姻正式宣布结束。二战一爆发即被软禁于马恩岛的罗斯顿，后来获准自由行动之后，去了爱尔兰，并与一个名叫斐黛玛·魏尔许的女子结了婚。此后，赫本与罗斯顿就失去了联系。但赫本对父亲的牵挂并未减去一分。多年来，赫本想方设法打听罗斯顿的消息，一直没有停止过。

直到 1959 年，赫本才终于又见到了父亲。

那年，赫本在丈夫梅尔·费勒的帮助下，终于通过红十字会打听到了罗斯顿的下落。梅尔与罗斯顿在电话中将见面的地点约在了爱尔兰的都柏林。

终于到了见面的日子。赫本按捺下满心的激动，和梅尔从瑞士卢塞恩飞赴爱尔兰，早早入住谢尔本饭店。午饭时分，电话响起，是父亲。

赫本心潮澎湃，迅速赶往一楼大厅。

那个面容苍老、衣着破旧的男人，就是我日思夜想的父亲吗？

他又怎么可能不是父亲呢？

老去的是容颜，仍然鲜活的，是记忆啊。

可是，父亲，二十余年未见的父亲，见到我为什么形同雕塑？

他为什么不张开双臂，给对他日思夜想的女儿一个拥抱呢？

赫本看着眼前这个神情中既有木讷又带着些许骄傲的男人，百感交集。二十多年来，母亲埃拉无数次地抱怨过这个男人的无情与不负责任，赫本却在见到父亲的第一眼起，就决定原谅父亲。毕竟，血浓于水啊！

亲情，曾被二十多年的光阴无情地阻断过。那么今天，就由我，带着一个女儿对父亲的深爱，去给父亲一个深情的拥抱吧。不，不能流泪，那样，父亲会难为情，会尴尬的……

那天，赫本陪父亲一起用餐，然后陪父亲度过了整个下午，气氛虽然平淡，但赫本深感身心愉悦。

梅尔为了能给这对好不容易团聚的父女单独相处的机会，借口说自己要去古玩店逛逛。等到梅尔从古玩店回来，他发现，罗斯顿已经离开，而赫本则神情落寞，淡淡地对梅尔说，咱们回家吧。

这次爱尔兰之行，总算解开了赫本的一个心结。赫本放下了心里的怨恨，并且决定，以后会一直在经济上支持和赡养父亲。父亲虽然有错，但是，父亲的过错不能成为自己放弃义务的理由。

　　都柏林会面之后，赫本曾邀请罗斯顿和斐黛玛到瑞士住几天。因为赫本想让父亲看看她在瑞士的家，看看她心爱的宝贝肖恩。然而，罗斯顿的态度一如既往地冷淡，只在瑞士待了一两天就离开了。在幼年肖恩的记忆里，外公罗斯顿是一个"严厉而有点让人敬畏的老人"。

　　赫本再一次去都柏林，是在 1981 年。不过，此时的梅尔已经淡出了赫本的生活，这年，陪在赫本身边去看望罗斯顿的，是罗伯特·沃德斯，赫本的精神伴侣。

　　罗斯顿患上了重病。医生说，他剩下的时间不多了。

　　赫本原本决定留在都柏林多陪陪父亲，然而，父亲在很多时候都是神志不清的。人之将死，其言也善，清醒的时候，罗斯顿会告诉沃德斯，他当年有多么后悔抛下年幼的赫本，他的心里一直在为有赫本这么一个优秀的女儿而备感骄傲。

　　罗斯顿的病情时好时坏。因为不知道罗斯顿到底还能坚持多久，几天后，赫本和沃德斯离开了都柏林。

　　不久，九十二岁高龄的罗斯顿去世。因为众多的原因，赫本没有参加罗斯顿的葬礼。

　　多年来对父女亲情的救赎与自我救赎，乃是一场彻头彻尾的情感苦旅。

　　在得知父亲死讯的那一刻，赫本终于不用再刻意隐藏内心的复杂情绪，失声痛哭。

∽∽ 第三章 战火，足尖上的梦 ∽∽

01

一场视觉盛宴

1939 年 5 月 4 日，是赫本的十岁生日。埃拉赶到肯特郡，准备陪女儿一起过生日。当她推开门时，发现女儿正在参加舞蹈彩排。

那日所见，着实令埃拉开心与骄傲——

台上，赫本舞姿轻盈，容光焕发。

台下，老师同学的喝彩声，不绝于耳。

一些前尘旧事，遂涌上埃拉的心头。埃拉年轻时，也曾沉迷于歌唱与戏剧表演，虽是玩票式的，却也有很抢眼的表现。甚至，埃拉还一度有过当歌剧女伶的念头。若不是父母对埃拉的理想不以为然、不予支持，此时的埃拉，拥有的也许就是另一种人生了。

于是埃拉做出了一个足以影响赫本一生的决定——创造一切条件，送女儿去学习芭蕾！

然而，就在这之后不久，第二次世界大战爆发。无奈之下，埃拉只得将赫本带离肯特郡，回到荷兰的安恒。送女儿学芭蕾的这一打算，不得不因此暂时搁浅。

不过，令她们开心的是，安恒风景优美，犹如世外桃源，人们举办聚会，庆祝圣诞，似乎离战争很是遥远。

令埃拉和赫本欣喜不已的是，安恒还有喜剧和舞蹈！

1940 年 5 月 9 日，英国颇负盛名的萨德勒韦尔斯芭蕾舞团来到安恒献演。

毫无疑问，这是安恒的大事。

对安恒人来说，萨德勒韦尔斯芭蕾舞团的到来非常令人振奋。外面的战事日益吃紧，捷克和波兰已经完全被纳粹掌控，4 月，纳粹又入侵了丹麦和挪威。中立的荷兰能否逃得过纳粹的铁蹄？荷兰人的心里，其实是忐忑的。就如同阴云密布的天空，随时都有暴雨兜头而降的可能。但人们又希望会有一阵风，比如萨德勒韦尔斯带来的这场乱世歌舞，能将头顶上的乌云吹走，以证明种种担忧，都是虚惊。

对于赫本和埃拉来说，萨德勒韦尔斯芭蕾舞团带来的，则是一场华美的视觉盛宴。因为两人不仅可以近距离观赏到舞团带来的精彩表演，更激动人心的是，赫本还将在表演结束时担任向舞团总监妮奈特 · 德瓦卢娃献花的小花童！

为了这个隆重的场合，埃拉特地请裁缝为赫本定制了一件绸布长裙。在这之前，赫本还从没拥有过如此漂亮的长裙呢。

太让人期待了！

台下，动听的旋律中，赫本手捧郁金香与玫瑰扎成的花束，神情专注地观赏着舞台上芭蕾舞者的倾情献演，眼睛都舍不得眨一下。芭蕾舞者的动作轻盈而柔美，芭蕾舞者的气质更是高贵端庄。

这一切，都让赫本如痴如醉。

演出结束，全场掌声雷动。赫本如梦初醒，赶紧手提裙裾，上台给妮奈特献花。妮奈特一把接过花束。掌声再起。

赫本多希望时间能够永远定格在这美好的一刻啊！

然而，英国副领事来了命令，要求舞团必须立刻离开安恒！

舞团的仓促离去，给安恒居民带来了一种莫名的恐慌与不祥的预感。果然，舞团离开的第二天，德军就突袭了荷兰、比利时和卢森堡。荷兰人完全震惊了，他们做梦都没有想过希特勒会攻击荷兰。因为就在发动攻击的前一天晚上，希特勒还曾通过无线电广播做出承诺，他没有任何计划攻击荷兰！

德国人的飞机无情地空袭了鹿特丹，将近三万名居民遇难，鹿特丹落入德军之手。随后，荷兰女王威廉明娜带着王室成员和政府要员逃亡伦敦。

其后，荷兰第三大城市海牙遇袭。因为荷兰将近一个世纪未曾遭遇战事，所以军备少，士兵们更是缺乏实战经验，仅仅五天时间，荷兰就全面沦陷。

覆巢之下，焉有完卵？纳粹军队横扫了赫本和家人所在的阿纳姆小镇。

安恒曾是净土，如今在战火中，却是哀鸿遍野。

02

有些记忆，无法忘却

之后的五年，不堪回首。

赫本一家，不，所有的安恒人，都是在身心极度煎熬中度过的。

德军入侵荷兰后，犹太人很快就受到歧视、流放与杀戮。犹太老师被解职，学生不能再上学，甚至连嫁给了犹太人的非犹太女性，也被迫绝育。大量的犹太人被送往集中营。

这是幼时的赫本亲眼所见："我有记忆，而且不止一次。我在车站看到犹太人的面孔，他们被装在运输列车的顶部。我非常清楚地记得，有一个小男孩和他的父母站在站台上，他有一头金色的头发，但他很苍白，穿了一件对他来说太太多的外套，踏上了火车。当时我还是个孩子，就这样静静地观察另一个孩子。"

一个孩子，眼睁睁地看着另一个孩子踏上死亡列车，这是一种怎样的恐惧与精神折磨啊！

赫本还清楚地记得："全家人连宝宝一起被拖入灵车，那是一种木制货车，上面只有一块条形板供乘坐。车里所有人都脸朝外，凝视着你。"此情此景，让年幼的赫本非常担心和害怕，"我不知道我会不会像许多年轻女孩那样突然失踪，被送到'德军官兵俱乐部'；我不知道我会不会被抓走一星期或一天，去做工或到军方的厨房打杂。"

当纳粹侵占安恒，由于谣传埃拉家族带有犹太血统，赫本外公家的银行账户、证券和珠宝等财产被纳粹悉数没收。原本衣食无忧的赫本母女，从此被迫过着一贫如洗的日子。

更让赫本痛心的是，她唯一的舅舅，一位德高望重的法官，在德军对荷兰地下军采取的一次报复行动中，不幸被抓入了纳粹集中营，并惨遭杀害。此外，赫本还有两个表哥和四个邻居也被纳粹抓走。这些记忆，赫本永生难忘："不要不相信你所听到或读到的任何纳粹暴行，它其实比你想象的更恐怖。我们看见亲人被抵在墙上，当着我们的面被射杀。"

到了 1941 年，大战时加入荷兰陆军的赫本大哥亚利克斯在荷兰投降时被俘。第二年，赫本的二哥伊安又因为反对将犹太教授解职、组织学生罢课以及协助犹太人取得假证件和粮票等英勇行动被德军发现，在安恒街头突然被逮捕并送往德国，好几年都下落不明。

被纳粹入侵的安恒，犹如人间地狱。

荷兰全国的食品和燃料供应很快枯竭，到了 1944 年的冬天，德国人甚至切断了所有的进口食品，以此来惩罚荷兰民间对纳粹的抵抗。

在这段异常艰辛的日子里，赫本和她的家人只能靠吃郁金香球茎来维持生命，有段时间，他们甚至还尝试将野草加入面包中进行烘烤。但更多的时候他们什么食物都没有，只能靠喝水度日。

而十四五岁的赫本正处于青春发育期，由于食物严重匮乏，赫本患上了严重的营养不良症、贫血症以及呼吸系统疾病。长期的营养不良，导致赫本终生身材瘦削。

荷兰沦陷期间，埃拉觉得奥黛丽·凯瑟琳·罗斯顿这个名字很容易暴露女儿的英国公民身份，并会带来一些安全隐患。所以，埃拉要求赫本学说荷语，并机敏地用埃达 · 范 · 希姆斯特拉的假名为赫本在当地学校注册。这个假名字一直用到二战结束，此后，未再使用。

因为赫本在肯特郡读书的时候只讲英语，沦陷时期又只能讲荷语，又因为出生地在比利时，有时又要讲法语，所以，没有一种语言，能够让赫本轻松运用，在这样的生存与语言环境中，赫本逐渐养成了从不只听一种语调的习惯。对此，赫本感到非常苦恼。

不过，水能载舟，亦能覆舟，以上种种，倒也形成了赫本鲜明的语音特色，那种优雅清脆的声调，如音乐般起伏的语音，还有拉长的元音等，都只属于赫本一人，从来不会被误认，更是他人无法模仿的。

03

那些温暖与美好

无论环境如何严酷，人们总要努力地活着。战争可以毁灭村庄与城市，但永远摧毁不了人们求生的坚强意志和对美好生活的向往与追求。

尽管生活环境非常恶劣，1941年，埃拉还是在安恒艺校的音乐舞蹈班为赫本报名注册，坚持让女儿学习芭蕾。还好，在德军的占领下，艺校为学生减免了大部分的学费，只要求学生的父母视能力支付部分费用。

1941年，是音乐大师莫扎特逝世一百五十周年。尽管战火纷飞，安恒市剧院还是为大师举办了一场盛大的纪念活动。在这次纪念活动中，埃拉指导了一出"活体画"，相当引人注目。在安恒弦乐四重奏团演奏的莫扎特乐曲声中，赫本和其他四名演员一起，身穿全套的十八世纪服装，摆出姿势，像画面一样，一动不动。

但赫本终究还是更喜欢动态的表演。

尽管在最困难的时候，赫本只能喝水充饥，或者一动不动地躺在床上，甚至有时连上下楼梯都非常困难，但赫本还是坚持继续学习芭蕾，哪怕穿着木头做成的舞鞋，磨破双足。

因为赫本那颗热爱芭蕾的心，始终在纵情歌唱。

很快，赫本的勤奋与才华得到了艺校师生们的一致认可。没过多久，赫本就成了安恒艺校光辉夺目的台柱子。

在艰难困顿的战争岁月里，赫本不但学会了自己设计舞蹈动作与演出服装，还和伙伴们一起，秘密进行芭蕾表演，为荷兰反抗军筹款。

这是一种奇特的、紧张与兴奋交织的全新表演体验。

表演场地的门窗定是紧闭的，而窗帘必是黑色的，因为不能让外面的人尤其是让德国人看出里面在做什么。舞蹈服装是在埃拉的帮助下制作的，舞鞋则是埃拉用毛毡的碎片缝制而成。至于舞蹈动作，则是赫本自己负责设计的。就连弹钢琴的朋友，也是赫本请来的。观众也不多，而且因为担心走漏风声，大家无法用鼓掌与喝彩来表示对表演者的赞赏。

不过，这又有什么呢？毛毡碎片舞鞋虽然支撑力远不及真正的芭蕾舞鞋，但已足以满足赫本那双热切的小脚。演员的表演不专业，那也没关系，战时，能有音乐与舞蹈欣赏，对安恒人来说，已经弥足珍贵。没有掌声更没关系，所有的赞赏，都盛放在观众的眼底与心里。

在赫本看来，她一生中最好的观众，恰恰就是这些在她表演完之后安安静静、没有发出任何声音的安恒人。

战时，除了表演芭蕾为反抗军筹款，赫本还帮助荷兰地下游击队秘密传递情报。赫本当然知道，到处都是纳粹军人和德国的秘密警察，危险无处不在。然而，为了早日赶走纳粹强盗，经过芭蕾舞课训练的赫本，总能从容镇定地掩饰情报塞在鞋子里带来的不适，临危不惧，出色地完成情报传递的任务。埃拉也积极参与荷兰反抗军的行动，甚至把地下工作人员带到家中藏匿。

　　有一次，赫本接受了一项艰巨的任务，去给一名英国伞兵传递情报。

　　那天，赫本沉着冷静地进入伞兵藏身的森林，将相关信息传递给伞兵后，返回村子。途中，两名德军拦住了赫本。

　　赫本没有惊慌失措，面对德军的问话，她假装听不懂，一脸茫然，还微笑着将手里采来的野花递给他们。两名德军看着赫本天使一般的面庞，不做他想，欣然接过花束，并拍拍赫本的肩膀，让她离开。

　　除了芭蕾，战争时期的赫本还创作了不少灿烂明亮的画作，以抒发心中的情感与寄托。赫本儿时的绘画作品里，没有战争，没有杀戮，只有令人心悸的美。画面童真、纯净、温暖、美好，丝毫看不出战争的阴影和生活的艰辛。画作的主题大都与芭蕾有关——旋转、轻盈如风的小女孩；斑斓若五彩气球的梦想；有饭吃、有衣穿、有朋友和小狗陪伴的家……

　　有人说，观赏赫本儿时的画作，犹如倾听一位天使对残酷惨烈的世界无言的控诉。

　　我深以为然。

❦❦❦ 第四章 忧郁，噩梦结束后 ❦❦❦

01
"市场花园行动"

水深火热之中的荷兰人，终于迎来了1944年。

这年秋天，盟军开始实施"市场花园行动"，向荷兰的德军发动进攻。这一计划中的"市场"，指的正是安恒。

盟军在光复巴黎和布鲁塞尔之后，信心倍增。在由英国蒙哥马利将军构思、美国艾森豪威尔将军协助实行的"市场花园行动"中，英美两国将进行陆空联手，对荷兰的八座桥梁发动攻击，借此打开反攻德国（即"花园"）的道路。

为了这一计划的顺利实施，英国派出一个师，美国则派出两个师的兵力，准备用滑翔机和降落伞降落于荷兰的埃因霍温、奈梅根和这一计划中最为重要的城市——"市场"安恒。

未料这一计划的实施，远没有预想中那么顺利。

最大的阻力来自安恒周围驻扎的两支德军重武装党卫队。而且，德军的反空袭防线，就驻扎在安恒的市中心。

如此，盟军只能选择在离安恒十公里之外的地方空投士兵。因为飞机太少，无法一次载运完计划中的三万二千名士兵，只得分三天完成空投任务。

那年的 9 月 17 日，天气晴朗，一切似乎都朝着有利于盟军的方向发展。盟军的一千五百架飞机和五百架滑翔机意气风发，朝着敌军的阵线飞去。

第一次空降，非常精准地命中目标。然而，当英军接近埃因霍温时，却遭到了德军的猛烈攻击。美军的情况也不容乐观，在到达奈梅根时，美军发现，多数桥梁已经被德军炸断，根本无法按照原有计划向德军发动攻击。

无奈之下，盟军只好硬着头皮，向安恒进发。

殊不知，此时德军的坦克已经先行开进了安恒城。安恒大半个城市惨遭摧毁，安恒居民则被勒令在数小时内撤离。

德军的坦克耀武扬威地在安恒的街道上来回行驶，并不时朝四周的建筑物丢炸弹，藏身在建筑物里的盟军士兵全部被浓烟熏出，伤亡惨重。

期盼早日赶走纳粹、结束二战的安恒人对处于危局之中的盟军表示出了极大的友善。他们给盟军提供力所能及的帮助，许多人甚至冒着生命危险也在所不惜。

然而，在德军炮火的猛烈轰击下，安恒终究还是成了一片火海。在这场劫难中，有数千名盟军阵亡，还有七千多名士兵被俘。受伤者更是不计其数。

"市场花园行动"，二战中规模最大的一次空降，就这样以完败告终。原以为这将是对德军的最后一击，之后，胜利的曙光将会洒满安恒的每一个角落，没想到却造成了数千名士兵和超过四百五十名平民在这一行动中丧失生命的严重后果。

战争还将继续拖延下去。

安恒成为一片废墟。埃拉家族的房产，也未能在德军的轰炸中幸免于难，被夷为平地。

之后，德军几乎将全城掠夺殆尽。

祸不单行，1944年的冬天，恰恰又是欧洲历史上罕见的最为寒冷的冬天。安恒人饥寒交迫，在死亡线上苦苦挣扎，而城里仅有的食物，都被送去给德国士兵了。

不少人被活活饿死，剩下的人纷纷逃亡。赫本一家，亦在被迫从安恒离开的九万人之中。

赫本跟着埃拉来到外公位于维普的乡间宅邸，但这回跟童年时来维普是完全不同的两种境遇。等待着赫本的，是一连数天没有任何食物充饥，只能坐在没有暖炉也没有灯光的冰冷房子里发抖。

什么都没有——食物、书本、音乐、舞蹈……

何以果腹？唯有郁金香球茎。

02

结缘联合国儿童基金会

1944 年 12 月 24 日，赫本被告知，家里已经找不到任何食物了。

可是，马上就是圣诞节了啊。不，不能就这么被活活饿死！听说，睡着了就可以降低消耗，忘却饥饿，赫本决定一试。再怎么样，也得迎来圣诞节的第一缕阳光啊！

可是，床在楼上，而此时的赫本，已经虚弱得连爬上楼的力气也没有了。彼时，身高已经达到一米七的赫本，被该死的战争摧残得只剩下四十千克的体重！

赫本无力地望着自己浮肿的双腿，还有由于黄疸肝炎导致全身浮现出的可怕肤色，陷入了深深的绝望之中。

上帝啊，请让我活下来！

我已经失去了父亲，失去了所有的房子、财产，这些，我可以不在乎，但是，请你务必让我活下来！

是上帝听到了赫本的祷告吗？迷迷糊糊中，赫本听到，有人在敲门！

门开了，出现在门口的是一名荷兰地下军。不，他分明是上帝派来营救赫本一家的使者，因为他带来了几箱救命的罐头。赫本和埃拉千恩万谢，喜极而泣。

然而，这些救命罐头终究只是杯水车薪。接下来的日子，赫本一家每天只能吃一片用草做成的绿面包，佐以只用一颗马铃薯烧成的薄汤。

在求生的希望都显得极其渺茫的日子里，芭蕾，已经成了赫本一个遥不可及的梦。

自己已经有多久没跳芭蕾了？

回想起上一次在安恒市立剧院表演时得到的平生第一次舞评，赫本忍不住潸然泪下，"她似乎真的有舞蹈的热情，还有极高明的技巧"，而如今，健康状况已经糟糕到如此不堪的地步，难道自己与心爱的芭蕾，已经缘尽？

好在，茫茫暗夜，终有尽头。

1945 年 5 月 4 日，赫本迎来了自己的十六岁生日。而这一天，绝对是一个值得永远纪念的日子。

那天，赫本和家人躲在维普屋内的地下室里，忽然听到屋外传来一阵脚步声。赫本凝神细听，之后惊喜地发现——这绝对不是被饥饿和疾病折磨日久的维普人的脚步声，也绝不可能是凶残的纳粹士兵的脚步声！

赫本的精神为之一振。走到窗前，果然，那是一批英国士兵！赫本狠狠一嗅，确信无疑，自己嗅到的，是英国石油和香烟的味道！不，那是无价的香水的味道！不，不，自己嗅到的，不是香水，而是自由的味道！

浑身似乎陡然来了力气，赫本欢快地跑出去。

一个士兵看到赫本浮肿的双腿和不健康的肤色，停下了脚步，掏出五条巧克力送给赫本。赫本道了谢，并向英国士兵要了一根香烟，那是赫本生平第一次抽烟。虽然呛了半天，但赫本还是高兴坏了。至于那五条巧克力，赫本难敌诱惑，一口气消灭了它们。结果，赫本生了一场大病。不过赫本觉得，自己遭受的这些病痛，相较于重新获得自由而言，是几乎可以忽略不计的。

好消息接踵而至。在这之后不久，原以为已经在战火中丧生的两个哥哥亚利克斯和伊安都陆续返家了。

劫后余生，原本应该狂欢一下的，然而，没有酒，没有食物，一家人唯有默默相拥。

当国际救援物资陆续抵达荷兰时，已经是这一年的 6 月。

安恒和维普人民首先受惠。

联合国善后救济总署（不久后就改名为联合国儿童基金会）送来了成箱的食物、毛毯、药品以及其他救援物资。赫本清楚地记得，当时，所有的学校都成了救援中心，而赫本和整个埃拉家族，都积极参与了向人们发放救援物资的工作。

这是赫本首次接触联合国儿童基金会。每每回忆起 1945 年的这一幕，赫本总是感慨万分："我和所有孩子一样，无疑成了最大的受益者。这一点就足以让我对联合国儿童基金会感恩一生。"而这，恰恰为赫本日后成为联合国儿童基金会亲善大使埋下了伏笔。

03

战后，艰难起舞

　　荷兰光复前夕，逃亡伦敦的威廉明娜女王回国，对全体民众发出呼吁，召唤民众到疗养院担任义工，去照料那些在战争中受伤的士兵。

　　赫本和埃拉积极响应女王的召唤，于 1945 年夏末住进了阿姆斯特丹的一间诊所，帮忙照顾伤兵，为他们读书、写信，并做一些其他的杂务。

　　在此期间，赫本结识并照顾了一名伤员，这个三十岁的英国伞兵名叫泰伦斯·杨，曾参加过安恒之役。1946 年，杨康复后回到安恒，制作了一部以安恒之役为主题的影片《安恒居民》，这是杨执导的第一部电影。

　　因为有了这番因缘际会，在后来的日子里，赫本曾在杨执导的好几部影片里担任主演，如《盲女惊魂记》和《朱门血痕》。

　　1946 年年初，照顾伤兵的义务完成。为了帮助女儿圆芭蕾梦，埃拉立刻在阿姆斯特丹租下一套小小的公寓。这位昔日生活条件优渥的女爵毅然放下身段，找了份厨师的工作，以赚钱支付房租和培养女儿。

　　这年，埃拉带着赫本来到荷兰国家芭蕾舞团的创立者、颇负盛名的芭蕾舞前辈桑妮雅 · 盖斯凯尔门下，拜师学习芭蕾。

盖斯凯尔一见赫本，就心生欢喜。这个女孩举手投足间显露出的优雅，实在令人赏心悦目。当然，更重要的是，盖斯凯尔从这个女孩清澈的目光里，看到了她对芭蕾的无限热爱。

不过，当盖斯凯尔注意到赫本的身材时，心中不禁暗叫一声：太可惜了！如此纤弱！战争摧毁了一个多好的芭蕾舞苗子啊！这个女孩子明显精力不足，肌肉也不够结实，而这些，对一个芭蕾舞者而言，是一种致命伤。还有，这个女孩已经 17 岁了，投身芭蕾，显然也为时太晚。

赫本是何等冰雪聪明？盖斯凯尔眼里掠过的那丝痛惜，如何逃得过赫本的眼睛？

忧郁，其实是早就有了。从六岁那年，父亲转身离去开始，这种抑郁消沉就一直笼罩在赫本心头。如今，战争虽然已经结束，生活状况也有了好转，自己又能重新跳上了芭蕾，可是，对自己的未来，盖斯凯尔却从来不肯做出任何承诺，这让赫本陷入了彷徨与苦闷之中，无法自拔。

要知道，赫本是多么渴盼爱与被爱，渴望得到他人的认可。但这份渴盼，在现实生活中，尤其是在盖斯凯尔那儿，却不能得到满足。

陷于极度苦闷与抑郁之中的赫本，选择了昏睡与暴食。

彼时，赫本甚至产生了自暴自弃的念头："我经常感到沮丧，对自己非常失望，甚至可以说痛恨自己。我太胖，或太高，或太丑。我无法面对自己的问题，无法应付我见到的人。"

"我经历了物资匮乏的战争年代，没有食物、金钱、书籍、音乐和衣物，于是用大吃特吃作为补偿，尤其是巧克力。我像气球一样发胖又难看。"

　　这样的状况，一直持续到了 1946 年的年底。盖斯凯尔告诉埃拉，赫本或许有机会去伦敦，向她在伦敦的朋友与同行玛丽 · 兰伯特学习芭蕾。

　　埃拉立刻将这一好消息告诉了赫本，并要求赫本快速减肥。

　　自己竟有机会去伦敦向大名鼎鼎的玛丽 · 兰伯特学习芭蕾？！

　　赫本闻讯大喜，毫不犹豫地答应减肥。很快，赫本就成功地将体重减到了五十千克。

✤✤✤ 第五章 贵人，名叫兰伯特 ✤✤✤

01

《荷兰七课》初次触电

1948 年年初，赫本满怀憧憬，带着盖斯凯尔的推荐信和对芭蕾的一腔热忱来到伦敦，投奔声名赫赫的兰伯特。

战后的伦敦，物资严重匮乏。然而，对经历过极端饥饿与困顿的赫本母女来说，这点困难根本算不了什么。埃拉很快就为自己找了一份公寓管理员的工作，清理垃圾与洗刷楼梯。虽然工作又脏又苦又累，但埃拉的内心是愉悦的，她不仅可以领到一笔薪资，而且作为公寓管理员，她还可以在这幢建筑物里拥有一个供母女俩容身的房间。

安顿下来后，赫本来到兰伯特位于剑桥广场的排演室。

让赫本略感意外的是，兰伯特竟是一个身高只有一米五二、体重三十一千克的娇小夫人。

然而，在接下来的交谈中，赫本很快就感受到了时年六十岁的兰伯特强大的气场。这是一位精通各种语言、才华横溢、活力四射的不平凡女性。

赫本并不紧张，她从从容容地对着兰伯特叙述了自己学习芭蕾的过程。当听到赫本说自己哪怕是在战争期间也从来没有放弃过芭蕾梦想时，兰伯特不禁对这个身高一米七、体重只有五十千克的瘦弱女孩另眼相看。

在观看了赫本的试跳之后，兰伯特决定收下赫本这个学生。

人生阅历极为丰富的兰伯特，一眼就看出了赫本生活的窘迫，便善解人意地建议赫本过几个月再到她的舞蹈学校来。兰伯特告诉赫本，4 月的时候，她的财力会比现在好些，到时候，她不仅可以为赫本提供奖学金，还可以在自己住的地方腾出一个房间给赫本住。

赫本开心不已。战后一度盘踞在心头的忧郁与恐惧，因为兰伯特的话，烟消云散。

原以为战争已经摧毁了自己的芭蕾梦，而现在，亲爱的兰伯特，热情的兰伯特，豪爽的兰伯特，了不起的兰伯特，给予了自己对于未来的无穷希望！

赫本心情愉悦，感恩于人生的这一番新际遇，遂将父亲罗斯顿的姓从自己的姓名中除去，保留了曾祖母赫本的姓氏。从此，她的名字就改成了世人熟知的奥黛丽·赫本。

只是，现在才 1 月，距离 4 月还有好长一段时间，赫本决定找点事情做，以帮助埃拉赚取在伦敦生活所需的费用。

恰在这时，阿姆斯特丹的表兄弟给赫本来了一封信。信中说，他们有两个朋友准备拍一部名为《荷兰七课》的喜剧短片，需要魅力少女在剧中担任临时演员。如果赫本愿意回荷兰，他们可以介绍她进入《荷兰七课》剧组。

考虑到可以得到几天的工作和一笔收入，赫本欣然回到荷兰，参与了这部喜剧片的拍摄。

这是赫本的银幕处女作。然而，初次触电，赫本并没有什么奇异的感觉。首先，这部影片虽然定位为喜剧，但其内容并不出彩，甚至饱受诟病，被英国影评家们毫不客气地批评为"沉闷老套"。其次，赫本只在影片的开头和结尾部分出现了两次——影片开头，被来荷兰拍摄旅游见闻的电影摄影师不小心撞了一下；影片结尾，身穿空服员制服，与摄影师挥手道别。赫本所有的镜头加起来都不到一分钟，片尾甚至没有出现她的名字。

本来能注意到这部短片的影评人就很少，对赫本这位只有不到一分钟镜头的临时演员只字未提，也就不足为奇了。

对此，赫本并未感到失落。毕竟，这一时期的赫本，对电影的兴趣远低于芭蕾。之所以参与《荷兰七课》的拍摄，说到底，不过是因为生活所迫，拍电影挣钱，只是为能安心学习芭蕾解除后顾之忧罢了。

从阿姆斯特丹回到伦敦后，赫本开始打零工，各式各样的，职员、拍摄平面广告的兼职模特……只要是能贴补家用的都干。

4月，赫本终于如愿进入兰伯特舞蹈学校学习。虽然兰伯特兑现承诺，为赫本提供了奖学金，但是，这点钱显然不能应付埃拉和赫本两人的生活支出。所以，白天赫本去舞蹈学校上课，晚上还是得担任秘书，为摄影师担任模特儿，为杂志做肥皂和洗发精的广告。

虽然日日夜夜除了跳舞就是打零工，生活忙碌而艰辛，但是赫本咬紧牙关，坚持了下来。

只因为，在赫本心中，一直有一个梦想支撑着她——穿着芭蕾舞裙，去柯芬园跳舞！

柯芬园皇家歌剧院，那可是英国首屈一指的皇家芭蕾舞团的主要据点啊！

02

"黄蜂夫人"的当头棒喝

能拜在玛丽 · 兰伯特的门下学习芭蕾，在当时，可是每一个怀揣芭蕾梦想的舞者梦寐以求的事。

玛丽 · 兰伯特，那可是芭蕾舞界响当当的传奇人物。

这位波兰裔英国女芭蕾舞者，是英国芭蕾的创始人之一。对赫本更具意义的是，兰伯特还是世界上最著名的芭蕾舞老师之一。

兰伯特 1888 年 2 月 20 日生于华沙，师从著名舞蹈教师、意大利芭蕾演员切凯蒂。切凯蒂的舞蹈教学具有很强的科学性与系统性，有完整的教学大纲，为古典芭蕾中脚的五个规定位置和七种动律建立了严格规范。名师出高徒，切凯蒂的学生中，有很多都成了世界一流的舞蹈家，兰伯特就是其中的一位。

1917 年，才华横溢的兰伯特将自己的首出芭蕾舞剧搬上舞台，获得如潮好评。三年后，兰伯特在伦敦开设了英国第一所芭蕾舞学校。在这所芭蕾舞学校里，兰伯特培养出了大批人才，像著名编舞家菲德列克 · 阿胥顿、安东尼 · 都铎、阿格妮丝 · 德米尔等都是兰伯特的学生。

1931 年起，兰伯特组成了阵容强大的兰伯特芭蕾舞团，并在世界各地举行了一系列巡回演出，获得了巨大成功。此后，兰伯特在芭蕾舞界的声望如日中天。1936 年，兰伯特将芭蕾舞团与学校合组，培养出了许多英国著名的芭蕾舞明星。

兰伯特独特的人格魅力也令她光芒四射。兰伯特不仅竭尽全力资助那些家境不宽裕的学生圆梦，对扶持、奖掖后进更是不遗余力。兰伯特力求使每一个舞蹈演员或每一部芭蕾舞剧的风格都能得到充分发展，像图德、霍华德、斯塔夫、戈尔和莫里斯等英国青年编导都曾得到过兰伯特的鼎力支持。

当然，这个世界上从来就没有完美到无可挑剔的人，兰伯特也不例外。

兰伯特很有文化修养，但脾气可不是那么温柔。当兰伯特对学生言辞粗暴或大声吼叫的时候，一定是她发现学生的舞蹈动作没能达到她的预期。更让学生们不寒而栗的是兰伯特手里的棍子，一旦兰伯特逮到哪个学生弯腰驼背，那根棍子就会像长了眼睛一般，毫不留情而又准确无误地敲向那个学生的膝关节！

对严师兰伯特，学生们真是又爱又怕。兰伯特有个名叫阿格妮丝·德米尔的学生，是美国一流的舞蹈家、编导家与舞蹈史学家，该生曾在私下里送给兰伯特一个称呼："黄蜂夫人"。这一雅号一经叫出，便不胫而走，用"黄蜂"来形容兰伯特，真是又形象又传神！

从成为兰伯特学生的那天开始，赫本的梦想就变得更为明晰，那就是，有朝一日成为芭蕾舞团的首席女演员！为了实现自己足尖上的梦想，"黄蜂夫人"的棍子与"毒刺"，赫本都可以将之当作登顶过程中耳畔的松涛与鸟鸣！

赫本刻苦地训练。她太需要兰伯特的鼓励和肯定了！

　　然而，1948 年夏末的一天，兰伯特准备宣布接下来将要参加纽澳巡演的团员名单了。

　　赫本热切地盯着兰伯特，双眸燃烧着两簇希望的火苗。会有我奥黛丽 · 赫本吗？会有吗?

　　兰伯特的名单宣读完了。

　　欢呼声、哀叹声交织。

　　赫本强忍泪水，非常艰难地说服自己去接受一个事实，那就是，名单里，没有她。

03

当梦想被判处死刑

可是，这是为什么呢？自己对芭蕾是那样热爱！自己又是那样努力！赫本虽然痛苦万分，但还是鼓起勇气找到兰伯特，问：如果我继续训练，有没有机会成为首席女演员？

兰伯特的回答语气和蔼，但赫本还是感觉到了一种寒意。

你，赫本，是我兰伯特最好的学生之一。

但是，你，赫本，成不了一流的芭蕾舞演员。

你可以选择一种更稳定的职业，比如，在我的芭蕾舞学校里当老师，这样也许你会生活得更好一些。

兰伯特的回答，如同冬日狂风，以呼啸之势，扑灭了赫本的理想之灯。

然而，不可否认的是，对于一个芭蕾舞演员来说，赫本确实因为战争错过了最重要、最关键的时期。长期的营养匮乏，严重影响了赫本肌肉组织的成长和发育，另外，赫本的身高相对于芭蕾舞男演员来说，也显得太高了，有些托举动作，根本无法完成。

告别兰伯特，赫本回到宿舍，万念俱灰。

成为一名芭蕾舞团的首席女演员，穿着芭蕾舞裙，去柯芬园跳舞，这可是她在战乱和饥饿中活下来的精神支柱啊！

然而，生活是需要能对我们当头棒喝、让我们醍醐灌顶、及时掉转方向的真正良师的。

兰伯特就是。

兰伯特给赫本提出的建议是——如果不能成为最出色的舞者，那么，你还可以努力成为其他领域中最出色的人。

对兰伯特的话，赫本深信不疑，并且对这位生命中的贵人充满了感激。

此后，赫本与兰伯特始终保持着亦师亦友的亲密关系。

1948 年 10 月的一天，赫本一步一回头、恋恋不舍地离开了兰伯特的家，搬回去与埃拉同住。

当梦想被判处死刑，有人可能会选择消极颓唐、坐以待毙；有人可能一意孤行，碰到南墙也不回头。

赫本选择的是，寻找机会！主动出击！上帝向你关闭了一扇窗，必然会为你打开一扇门！

赫本的目光投向了伦敦的制片人和经纪人。自己有舞蹈功底，又有当模特儿以及拍平面广告的工作经验，去剧团找一份工作，应该不失为一种不错的选择。

那么，敲门去！

机会还真来了。

这年 10 月底，已经在百老汇演出两年，很受欢迎的美国音乐剧《高跟鞋》剧组来到伦敦首演。这是一出无厘头的默片闹剧，需要有人在舞台上跑来跑去，以配合默片快速有趣的舞曲，所以，剧组准备在伦敦征集一群能歌善舞的少女。

赫本报名参加了剧组在伦敦的海选，并从三千多名应征者中脱颖而出，如愿进入《高跟鞋》剧组。

此时的赫本，是歌舞剧舞台上不折不扣的新人，虽然每周只有八英镑的酬劳，但赫本还是非常珍惜这份新工作的。赫本要求自己比其他人更加勤奋和努力。在排演的那些日子里，每天赫本都早早起床练习舞蹈，而晚上，赫本必是离开得最晚的一个。

终于，《高跟鞋》一剧在伦敦竞技场正式开演。这出由朱尔·史戴恩和萨米·卡恩作曲和撰写歌词、由杰洛米·罗宾斯编舞的歌舞剧，在伦敦受欢迎的程度超出了人们的想象。二百九十一场演出，几乎场场爆满。

伦敦《每日电讯报》给予了高度的评价，称其为"长久以来伦敦最疯狂骚动的舞剧"。而全剧的高潮，是麦克·塞纳特（注：二十世纪二十年代美国著名导演与演员）早期影片风格的芭蕾。

遗憾的是，当时所有的剧评，都没有提到赫本的名字。

但是，上帝从来不会薄待每一个努力付出过汗水的人。众多的舞者中，赫本还是吸引了制片人塞西尔·蓝道的目光。

蓝道随即向赫本发出邀请，他的一部新音乐剧，不久将在剑桥剧院开演，赫本可以在仅有的五名舞者中担任一角。虽然还是跑龙套，但在这部二十七幕的短剧中，赫本这个角色，是有几句台词的。所以，赫本欣然答应了蓝道的邀请，并为此放弃了参加《高跟鞋》剧组巡回演出的机会。

赫本并不后悔。因为在失去梦想支撑的艰困时期，能找到一份工作，对自己、对母亲来说，都是一件很幸运的事。

此时的赫本并不知道，一条星光大道，即将在自己的脚下徐徐伸展。

·第二卷·

龙套女孩的明星路

第六章 《靼靶酱》，一股从英国吹来的清新的风

01

马修斯：她迟早会成为明星

　　一出《高跟鞋》，四十个蹦蹦跳跳的龙套女孩，独具慧眼的蓝道为何偏偏看中了位于第二排左数第三个的赫本？

　　并非上帝特别厚爱赫本。

　　机会，从来不会垂青那些毫无准备的人。为了演好这个连台词也没有一句的小小龙套，赫本早出晚归，勤加训练，付出了不知多少的努力。

　　所以，蓝道才会在众多舞者中看出赫本的舞台潜力，并决定给予这个勤奋的女孩一个机会。

　　赫本来到蓝道的《靼靶酱》剧组中，扮演剧中的瑜伽学生、女店员以及古典芭蕾舞者。

　　赫本在剧中的表现，果然没让蓝道失望。

　　还是让观众以及与赫本同台演出的演员们来评说吧。

　　"她表现突出，活泼奔放，她的舞蹈如小飞侠彼得 · 潘般灵动敏捷，虽然聚光灯总是在别人身上。"有个观赏过好几次《靼靶酱》的观众由衷赞叹。

这就是赫本。哪怕是在被聚光灯忽略的角落，也毫不懈怠，努力展现最完美的舞者形象。

赫本相信，她的努力，观众一定看得见。

"我有舞台上最大的胸部，但大家却看着那个什么也没有的女孩！"发出这句怨言的，是一位名叫奥德·约翰森的北欧舞者。

心有"怨气"的，可不止约翰森一个。

"就舞蹈而言，奥黛丽的表现最差。"与赫本同台演出的谐星鲍伯·蒙克浩斯语出惊人，"如果她是个好舞者，其他女演员就不会那么不喜欢她。她们喜欢舞台下的她，但不喜欢她上舞台。她们觉得她只要一上场，观众就会着迷。她的表演十分可爱，一颦一笑都让人屏息。"

原来如此！

而知名音乐剧明星洁西·马修斯对赫本的赞美，就直白得近乎赤裸了："我们都注意到了奥黛丽的潜力，她有一种难以言喻的可爱特质，蓝道要把她安排在我的舞曲中，我很乐意。她迟早会成为明星。"

拍过费雯·丽和嘉宝的时尚摄影师安东尼·波尚对赫本也赞不绝口："有发现明星的感觉，她有一股清新感，还有性灵之美。"

然而，赫本对自己的表现并不满意。赫本感到自己的表演并不自然顺畅，而且非常紧张，加之缺乏舞台表演的技巧，所以不自觉间就会做出一些古怪的小动作。而这些因为紧张出现的补偿性动作，又容易被其他人误解为抢镜头。其他女孩眼里的敌意，让赫本感到非常沮丧："与其他女孩相比，我觉得自己实在很丑。"

但赫本的担忧显然是多余的。《鞑靼酱》演出了一年，观众们对她的喜爱，那是人人都看得出来的。《鞑靼酱》的大获成功，就有赫本的一份功劳。

不过，美中不足的是，虽然《靼靼酱》的剧评相当不错，剧评家们都盛赞此剧新鲜、有趣、优雅，舞团中人人都有发挥的机会，背景与服饰也充满了创意，但在他们的剧评中，只提到了一两个主要演员的名字。

深受观众喜爱的赫本，仍然默默无闻。

不过，有什么要紧？没有人天生就星光璀璨。

我们和马修斯一样坚信，这个勤奋努力的女孩，迟早会成为明星。

02

蓝道：请原谅我棒打鸳鸯

不过目前，蓝道却忧心忡忡。

她发现，赫本好像有了恋爱的迹象。

俘获赫本芳心的，是一名法国歌手与词作者，名叫马塞尔·勒朋。这是一个外表英俊又富有才华的男子，对女人来说，这样的男子自有其无法抵挡的魅力，何况初涉爱河的赫本？

现在的娱乐圈内，演艺人员之间擦出火花、出双入对、假戏真做司空见惯，媒体也乐得连篇累牍加以报道以吸引人们的眼球。然而，赫本与勒朋的这段恋情发生在二十世纪中叶的英国！那时的"娱乐圈"，远不像现在这样热闹与八卦。对明星们私生活的报道，仅限于他们的结婚与离婚，对其超出道德与法律之外的私生活则绝口不提。而明星们对自己的感情也是三缄其口，绝不希望媒体将自己所谓的"绯闻"炒作得世人皆知，更不可能因为担心淡出大众的视线而主动炒作自己来刷脸刷存在感。那时的观众，也都希望自己喜欢的演艺人员过着白璧无瑕的生活。

所以，蓝道作为制片人，当然希望自己的剧组人员之间能够保持绝对的工作关系，在公众面前，呈现出干干净净、清清白白的良好的行业形象。

尽管恋爱是一件非常美好的事，应该得到祝福，但蓝道还是决定拆散这对热恋之中的鸳鸯。

当然，蓝道知道，要拆散赫本与勒朋，难度系数可不小。

都说当局者迷旁观者清，赫本作为当事人，却并不糊涂。赫本心里非常清楚，如果自己与勒朋的这段恋情被曝光，很有可能会影响剧团的声誉。可是，爱情的烈火熊熊燃烧，赫本根本阻止不了自己投向勒朋怀抱的脚步。赫本唯有提醒自己，与勒朋的交往，一定要谨慎、私密，万不可被人发现。否则，剧团的声誉受到影响、观众的注意力发生转移还在其次，作为一个刚刚进入舞台剧演艺界的新人，立足未稳，如果因为这段恋情影响到自己在演艺圈的发展前途，那可就太对不起恩人蓝道了。

所以，即便是在热恋期，赫本也一再告诫自己，一定要尽力掩饰，起码表面上看起来要波澜不惊，努力做到以"最好、最美、最典范"的形象出现在大众面前。

那些恋爱中的心悸、期待与激情，都被赫本深压在心底。与勒朋的约会书信，也是通过自己的亲密好友来传递。而勒朋给赫本送花，也从不署名。

但恋爱中的男女，眼神里那种甜蜜蜜火辣辣的郎情妾意，又岂能瞒得过始终关心着她的蓝道？

赫本没有和母亲埃拉分享自己恋爱的喜悦。因为生活所迫，埃拉在赫本面前始终扮演着一个严厉母亲的角色，早在童年时期，赫本就学会了在埃拉面前克制自己的情感。

不过，埃拉还是知道了勒朋的存在。从一个母亲的角度出发，埃拉衷心希望女儿能有一个好的归宿。而眼前这个名叫勒朋的年轻人，一个酒店的驻唱歌手，能给女儿怎样的将来？

《鞑靼酱》演出了四百三十三场，大获成功。蓝道继而筹演续集《开胃酱》，赫本在其中一幕扮演身穿金色舞衣、戴着长耳朵的香槟精灵。可能由于人们对《开胃酱》的期望值太高，《开胃酱》上演不到两个月就无疾而终。不过，蓝道并没有气馁，而是灵机一动，对《开胃酱》进行了大刀阔斧的精简，并带着自己喜欢的演员搬到了知名的席罗兹俱乐部演出。

这一回，蓝道没有对勒朋发出邀请。

与原先的剧场相比，席罗兹俱乐部的演出环境更为清静，观众可以近距离地欣赏演员们的表演，因此，演员们每天都要更加努力地工作，而赫本，常常得工作到凌晨三点。

离开蓝道剧组的勒朋，不得不另谋发展。很快，就传出了他移情别恋的消息。

没有谁见过赫本为此而流泪。

但从此，赫本养成了抽烟的习惯。这段如昙花一般绚烂而短暂的恋情，给赫本留下的情感创伤有多深，也许，只有她自己知道。

03

艾尔玛：把心放在言谈举止上

你是如此爱着一个人，可是，不一定什么时候，一转身，那人就离开了你。

比如六岁那年，一去不回的父亲罗斯顿。

二十一岁这年，这样的场景再度在赫本身上重演。不过，这回的主角换成了勒朋。

相爱，一转眼，就变成了相爱过。

虽然赫本表面上看起来波澜不惊，但内心的那种惶惑与悲凉，还是在《开胃酱》的表演中有所表露。

从《鞑靼酱》到《开胃酱》，谐星蒙克浩斯再度与赫本同台演出。蒙克浩斯有种强烈的感受，那就是赫本身上散发着一种特殊的气息，"我在这个世界上孤单无助，需要你来拯救我"，这种气息，唤醒了大家对于这个"可怜的小家伙"的保护欲。

但赫本绝不是一个只会招人同情的小可怜。几乎人人都看得出，这个小家伙虽然欠缺舞台表演经验，但非常非常努力。

赫本的进步，实在让人惊喜。随着舞台经验的逐步积累，优雅的举止、独特的说话方式、灵动的眼神还有活泼的舞姿，渐渐形成了赫本的一大特色——也许我的外表柔弱，但我的内心无比强大！

这样的特色，使得每一个观看过《开胃酱》表演的观众，都对赫本过目不忘。

与勒朋的恋情结束后，属于赫本的春天，终于姗姗而来。

1950 年，由于《开胃酱》里的不俗表现，赫本引起了两名导演的关注——索洛德 · 狄金森和马里欧 · 赞比。

狄金森当即向赫本发出试镜邀请。他正在筹拍一部间谍惊悚片《双姝艳》，妹妹诺拉 · 布伦塔诺这一重要角色挺适合赫本——年轻漂亮，又有无穷的活力。当然，片内还有两段重要的芭蕾舞表演，可以给赫本允分提供展现自己舞蹈表演才华的空间与机遇。

赞比则热情邀请赫本参加他当年秋天即将开拍的喜剧。赞比认为，如果赫本愿意加盟，一定能为这部喜剧片增色不少。

狄金森和赞比的米访，令赫本欣喜万分，但同时也给赫本带来了沉重的压力。

为了把握好即将到来的大好机遇，赫本决定提升自己的表演技能。电影表演与舞台剧的表演可不一样，镜头绝不会错过任何一个僵硬笨拙的动作。要想表演得自然、流畅，可得好好向前辈们系统学一学戏剧表演。

赫本选中了在现代戏剧和流行电影方面很有造诣的著名演员菲利斯 · 艾尔玛。艾尔玛对莎士比亚和萧伯纳的完美诠释在圈内遐迩名闻，赫本拜在艾尔玛门下学习戏剧课程，可谓如鱼得水。

艾尔玛强调："把心放在言行举止上。表演最重要的是姿势和动作。"

赫本牢牢记住了艾尔玛的这句话。在跟艾尔玛学习的几个月里，赫本认真地研读和思考古典和现代剧本里的场景，一丝不苟地练习如何通过自己的姿势和动作将这些场景精准、传神地表演出来。在艾尔玛的悉心指导下，针对自己语调平淡的问题，赫本还学到了如何在对话之中做到抑扬顿挫。

任何事情，只要决定去做，赫本就会倾尽全力。一段时间之后，艾尔玛对赫本的表现已经非常满意，认为赫本在姿势与动作方面已经"自然而然就有这两种特色"。

对表现优异、有发展潜力的学生，艾尔玛是愿意不遗余力地加以提携的。在影剧界，艾尔玛有很不错的人脉资源，所以，1950 年初夏，艾尔玛为赫本提供了一个机会——参加好莱坞宗教史诗片《暴君焚城录》的试镜。

《暴君焚城录》的导演马文·李洛伊已经花费了三个月的时间为数百名女孩进行了试镜。之后，清新脱俗的赫本一出现，顿时吸引了李洛伊的目光。

然而，尽管李洛伊坚信自己已经找到了饰演女主角莉吉亚的合适人选，但电影公司最终还是做出了让人失望的决定——不用新人。最后，得到这一角色的，是黛博拉·寇儿。

尽管赫本与这次机会擦肩而过，不过，塞翁失马，焉知非福？错过有时未必是一件坏事，也许下一个机遇，正等候在前方的拐角处。

第七章 《双姝艳》，完全缺乏技巧的技巧

01

李纳德：联英影业欢迎你

饰演主角，对任何一个演艺圈新人来说，都是难以抵抗的诱惑。

赫本当然需要这样的机会。在赫本眼里，能在《暴君焚城录》里饰演女主角莉吉亚，不仅仅是一次机会，更是对自己往日付出的种种努力的一种鼓励和认可。

然而，赫本只能眼睁睁地看着莉吉亚与自己擦肩而过。错失这一机遇的理由看似苍白，却又那样强悍——赫本是新人。

可是，世间有谁不是从山脚下一步步登顶的呢？有哪个大明星，不是从所谓的"新人"起步的？不给"新人"机会，"新人"如何才能得到历练，又如何才能成长为大牌？

赫本很难过。

不过，接下来发生的一件事，帮助赫本从失败的阴影中走了出来。命运很快就以另一种方式补偿了痛失饰演莉吉亚机会的赫本——她遇见了联英影业的选角主任罗伯·李纳德。

创立于 1927 年的联英影业，实力雄厚，拥有英国最著名的艾斯特里制片厂。除此之外，联英影业还拥有全球发行网、英国最大的连锁

戏院 ABC 电影院等。在二十世纪五十年代，能够和掌控在华纳兄弟手里的联英影业签约，几乎是所有演艺新人梦寐以求的事。

作为联英影业的选角主任，李纳德可谓阅人无数。他非常看好赫本，建议赫本考虑与联英影业签约。

出乎李纳德的意料，赫本并没有马上同意他的这一建议。

最初的踌躇，是因为赫本有所顾虑——自己刚刚二十出头，事业发展还有无限的空间，如果早早与一家电影公司签约，会不会因此被缚住手脚，从而错失更多的机会？

促使赫本后来改变主意的，除了李纳德的真诚相邀外，还有一个重要的原因。作为演艺界的新人，赫本在影坛的未来会不会一片锦绣，其实谁也不敢断言。何况，此时的埃拉正处于失业状态，除了拍片外，赫本还必须通过担任时尚模特儿、为电影杂志做封面女郎等工作来赚取收入以支付账单。一个连在哪个电影里亮相都不能自己做主的新人，委实没有多少底气拒绝来自李纳德的邀请。

那就且行且看吧。

赫本与联英影业签下了三部片约。片酬虽然不高，但对于当时的赫本来说，可谓是天文数字。

赫本为联英影业拍的第一部片子是《野燕麦》。她在里面仍然跑龙套，饰演一个打扮时髦、语气夸张的旅馆接线生，在片中出现的时间总共不到二十秒，台词好歹有几句："丽晶酒店，您好……谁？……吉尔比先生？……哦，嘿，佛瑞德！"虽然这部片子并不叫座，从未在英国以外的地区上映，但赫本在片中的表现，让扮演接线生前男友的霍洛韦赞叹不已，霍洛韦甚至断言："这个女孩将来一定会大红大紫。"

这部片子，赫本得到了五百英镑的酬劳。

第二部片子则是赞比执导的《天堂笑语》。赫本在片中饰演一个卖烟女孩。戏份不多，但值得一提的是，联英影业以"特别介绍"的方式在片首打出了新人赫本的名字，引起了更多人对赫本的关注。

赫本为联英影业拍的第三部片子是喜剧片《械劫装甲车》。她扮演坚尼斯的情妇。虽然在片中仍是惊鸿一瞥的龙套角色，但赫本从坚尼斯手中接过一把现金，然后优雅地转身离去的身影，还是给观众留下了深刻的印象。赫本的片酬，也因此增加到了一千五百英镑。

赫本对自己在这三部影片中的表现并不满意："这几部片子加起来，我总共只有一个稍纵即逝的镜头。"拍完三部片子之后，赫本一边等待机会，期望能有更好更适合自己的角色，一边又与联英影业签下了三部片约。

因为前面二部片子赫本的表现不错，这回，她的薪酬已经涨到了拍《野燕麦》时的五倍。

到拍摄《少妇故事》时，赫本的戏份明显增加，出现在七个场景里。然而，在赫本的记忆里，这部影片的拍摄过程并不愉快。因为导演亨利·卡斯总是对她横挑鼻子竖挑眼，尤其是总指责赫本的口音听起来很虚伪很没有喜感，而对其他以同样口音说话的明星则不置一词。遇到这样的导演，赫本自然无法在镜头前做到收放自如，加之角色本身就是一个怀疑每个男人都想伤害她的颇为神经质的单身女性形象，所以，片场的紧张气氛自然影响到了拍摄的效果，拍出来的作品与原先的定位——"幽默机智的笑片"相去甚远。

还好，赫本的表演得到了一位美国剧评家的好评："演员非常努力，包括那位饰演寄宿单身女子的美女奥黛丽·赫本。"

这段拍片经历虽然不愉快，却为赫本的演艺事业积累了宝贵的经验。破茧的过程虽然艰辛，但是赫本坚信，只要坚持与努力，自己终会迎来化蝶的那一刻。

02

狄金森：第一选择是奥黛丽·赫本

1951年2月23日上午，索洛德·狄金森发出了自己对赫本的试镜邀约——如果赫本能够在他即将开拍的政治惊悚片《双姝艳》中试镜成功，那么，她将获得出演片中女主角玛丽亚的妹妹诺拉的机会。

对饰演诺拉的人选，狄金森其实早就属意赫本，但赫本的试镜并不顺利，可谓一波三折。

连同赫本在内，前来为诺拉这一角色试镜的一共有十一个女孩。竞争的激烈程度，可想而知。

不过，赫本面临的最大障碍并非她对角色的演绎水准，而是她那一米七的身高。身高为何会成为试镜的最大障碍？因为两个主角的身高都不高，其他演员，尤其是女主角的妹妹，必须配合主角的身高。

试镜之前，赫本本就心怀忐忑。毕竟，诺拉这一角色对于赫本来说，意义非比寻常。在这之前，赫本仅仅在那部给她留下了很不愉快拍片体验的《少妇故事》中有过一行以上的台词。这次若能得到饰演诺拉的机会，对自己的演艺事业无疑是一大突破。

但只要一对着镜头，赫本心中所有的杂念顿时烟消云散。镜头前的赫本,迅速进入角色,她不再是那个因为身高而患得患失的女孩,她就是诺拉,就是那个被卷入暗杀杀父仇人的密谋中,时而悲伤与震惊、时而恐惧与沮丧的女孩诺拉。

只拍了一段,试镜现场,人们便已心照不宣——就是她了?！就是她了!

但还是又排练了一段。这回,赫本将自己作为一名专业舞者的优势发挥得淋漓尽致。

还需要再排演下去吗?

身高,相对于赫本精彩的试镜,早已成为一个可以忽略不计的因素。狄金森当天下午就宣布:"我们的第一选择是奥黛丽·赫本。"

试镜时,大家都被赫本身上的"特质"所打动,但到底什么是赫本的"特质",还真不是用一两句话就能概括出来的。

不过,你可以在电影《双姝艳》中,一边欣赏赫本的表演,一边慢慢地体会。

有一句对于赫本特质的评价最为经典:"她的技巧就在于完全缺乏技巧。"

是的,没有导演向赫本解释过眼神与光影,但赫本似乎凭借自己的直觉就知道应该如何演绎她在片中的角色。她没有夸张的肢体语言,但观众能从她轻描淡写的动作中,捕捉到她内心深处的平静与波澜。看过《双姝艳》的观众都有一种强烈的感觉,赫本不刻意,更不处心积虑,她天真烂漫、直截了当,她能毫不做作却又精准无比地表达出人物内心复杂的情感层次。

不得不说,有些人就是为表演艺术而生的。一旦入戏,角色即会覆盖本我。赫本虽为新人,身上的戏骨因子却已呼之欲出。

难怪当时英美两国的影评家都给予了赫本很高的评价:"奥黛丽的美貌结合了演技,在两段舞蹈场景中的表现特别杰出。"

注意，影评家们是不肯轻易动用"特别杰出"这个词的。

然而，"特别杰出"这四字的背后，隐藏着太多艰辛与虐心，这些，却鲜为人知。

剧中有这样一幕场景——暗杀杀父仇人的计划走漏了风声，舞蹈彩排时炸弹发生误炸，导致一位无辜的女士当场丧生。

拍摄这一舞蹈场景时，为了力求逼真，炸弹的声响一次次在赫本的耳边回响。赫本不可能不会回想起那段令人不堪回首的安恒时光。那段时光，就像已经结了痂的伤疤，现在，爆炸声又将那层硬痂无情地揭开，那种旧伤被撕裂开来的新痛，没有经历过二战炮火轰击的人是根本无法体会的。

但赫本之所以是赫本，就在于她是一个善于克制自己情感的人，她绝不可能任由自己的不良情绪泛滥从而影响到整部片子的拍摄。最终，赫本掩藏起内心的伤痛，给观众留下了一个完美的银幕形象。

赫本在《双姝艳》中的表现，对得起导演狄金森的那句话："我们的第一选择，是奥黛丽·赫本。"

03

歌蒂丝：自由比任何事物都美好

对狄金森，赫本始终心怀感激。

是狄金森给了自己在《双姝艳》中饰演妹妹诺拉的机会，确实，能和经验丰富的欧洲知名演员里吉亚尼、歌蒂丝同台演出，对赫本来说，实在是一个千载难逢的学习机会。

里吉亚尼与歌蒂丝的精湛演技，就是一部美妙绝伦、活色生香的绝妙教材。

男主角的饰演者里吉亚尼之前拍摄过二十一部影片，而饰演诺拉的姐姐玛丽亚的歌蒂丝更厉害，有过好莱坞的拍片经历，而《双姝艳》，已经是她的第三十三部作品了。

更难能可贵的是，从里吉亚尼和歌蒂丝的身上，赫本还学到了许多演技之外的东西。

比如有一次，里吉亚尼接受媒体的采访，有记者问他，演戏是不是你的生命？里吉亚尼立刻加以否认，并强调说，演戏仅仅是自己的工作。而当采访者兴致勃勃地试图探问里吉亚尼的私生活和家人情况时，里吉亚尼耸耸肩，明确表示，自己对这一话题无可奉告。

在里吉亚尼看来，媒体的宣传务必限于专业范围之内。其他？对不起，敬谢不敏！

里吉亚尼的这一做法，给赫本留下了极其深刻的印象，同时也成了日后赫本接受媒体访问时的行动指南之一。

而歌蒂丝教给赫本的东西，还要远甚于里吉亚尼。

歌蒂丝曾告诉赫本，当观众喜爱一名女演员的时候，对她的一切都会感兴趣，他们会想方设法去了解她的情况。而媒体为了满足观众的这一心理，就会通过各种渠道探听和报道演员的私生活。你可以感动于观众的热忱与媒体的厚爱，但是，不管如何，演员都应该保有自己的隐私空间，一定要有真正属于自己的生活。哪些能对媒体说，哪些必须三缄其口，一定得学会把握好尺度。

面对歌蒂丝的经验之谈，赫本频频点头，颔首称是。不过，对此时的赫本而言，什么是能说的、该做宣传的，什么是不该说的、要婉拒媒体访问的，还真不是那么容易把握。

作为一个新人，赫本难敌接受媒体访问的诱惑。毕竟，媒体和观众的热切关注，既是对自己所取得的成绩的一种认可，也是扩大自己知名度的有效途径。不过，赫本也很担心，如果接受太多的访问，观众会不会觉得自己其实"在电影中发挥的，只是这么一点点"，从而大失所望，甚至会对自己心生厌烦？

所以，赫本认为，接受太多的访问，时机显然还不成熟，还是等到自己真正在演艺事业上有所发挥的时候吧。

当然，有些访问和宣传还是必须的。比如，在里吉亚尼和歌蒂丝这儿上过关于媒体宣传的课程之后不久，赫本就得去拍一组在池塘里划船喂鸭子的画面，因为合约的需要，她得为《画报》杂志当封面女郎。

歌蒂丝对赫本的影响是深远的。

在谈及好莱坞时，歌蒂丝对赫本坦言相告，好莱坞非常可怕。因为他们期待演员能够成为他们的奴隶。他们希望演员能时刻做好为他们做任何事的准备。所以，歌蒂丝给了赫本一条忠告，签长期合约之前，一定要三思。

而歌蒂丝对赫本说的分量最重的一句话当是——亲爱的，自由比任何事物都美好。

不久的将来，赫本将与英俊阔少詹姆斯·汉森相恋。然而，在为一直坐在好莱坞霸主宝座上的派拉蒙拍摄《罗马假日》时，因为拍摄日期与婚期发生冲突，婚礼一再延误，使汉森对拍片日程与安排横加干涉，赫本忍痛割爱，放弃了与汉森之间被众人看好的感情与婚姻。

到那时，赫本才将深刻体会到歌蒂丝的这句肺腑之言，"亲爱的，自由比任何事物都美好"，真乃字字珠玑。

第八章 《金粉世界》，从默默无闻到一炮走红

01

科莱特：你就是我的琪琪

蒙特卡洛，去，还是不去？

1951 年，当赫本得知制作人、乐团指挥雷·汪图向联英影业提出借她前往法国蔚蓝海岸拍摄一部名为《蒙特卡洛宝宝》的喜剧片时，颇感为难与踌躇。赫本不想离开正在热恋之中的汉森，加之刚刚在伦敦打开大好局面，此时跑到法国去拍片，会不会导致自己错失其他的好机会？

赫本跑去找曾和自己在《双姝艳》中同台演出的歌蒂丝，想听听经验丰富的她的建议。歌蒂丝对赫本的担忧不以为然，给出的建议是，你应该到蒙特卡洛去。未来无法预料，机遇不是只有伦敦才有。

赫本决定听歌蒂丝的。

未料，因为故事情节单薄，《蒙特卡洛宝宝》获得了如下差评："愚蠢……做作……漫无边际……不得要领。"这还算是比较温和的。幸而赫本并非主角，所有的评论中，均没有出现赫本的名字。

事实证明，歌蒂丝所言不虚。去蒙特卡洛，这确实是一个非常明智的决定。

这天，剧组正在当地有名的巴黎大饭店内拍摄一组镜头。正当赫本拍摄片中又蹦又跳的镜头之际，一个对赫本的演艺事业起到至关重要作用的老太太坐着轮椅出现在了拍片现场。

这个老太太，可不是一般人。

她是法国知名作家、演员、诗人、画家西多妮 · 加布里埃尔 · 科莱特。

科莱特从来就不是一个甘走寻常路的女人。无论是她本人还是她的作品，都经常处于风口浪尖，饱受争议。

科莱特在年轻时，就以反传统著称。她以彷徨的现实主义者自居，将与传统道德中的陈词滥调作战视为己任，对社会伪善毫不留情地加以批判，还时常会提出关于女性社会角色的问题。

这个反传统圣斗士的存在，常让大家惊慌失措。

科莱特一身反骨与傲骨，她的感情生活与婚姻生活也同样不走寻常路。她三度嫁为人妻，拥有不计其数的男女情人。此时，推着她轮椅的，就是她的现任丈夫。

虽然此时的科莱特因为关节炎几乎瘫痪只能以车代步，不过这可丝毫影响不了她活跃的思维和敏锐的观察力。

科莱特饶有兴致地观看了一会儿，然后指着赫本，喜不自禁地说："啊，你就是我的琪琪！"

琪琪何许人也？

科莱特以自己丰富多彩的生活体验为蓝本，写出了不少脍炙人口却又同时引发了强烈争议的短篇故事和感性小说。1945 年，科莱特发表的小说《琪琪》，一如既往地反响热烈。

琪琪是二十世纪一名普通的巴黎少女，她天真、活泼、渴望自由的生活，但是，共同抚养她的母亲、阿姨和外婆却希望琪琪能够和她们当年那样，成为一个时髦的交际花，然后结识一位金主，跻身上流社会，过上人人艳羡的体面生活。琪琪痛恨她们的想法，极力排斥她们向自己倾囊相授的那些能俘获金主的所谓"绝学"。令人大吃一惊的是，这样的琪琪，在社交界却大受欢迎，并与一名英俊、富有、多情的男子邂逅并相爱。

1951年，科莱特授权美国小说家、剧作家安妮塔·鲁思将《琪琪》改编为舞台剧本。

《琪琪》一书的畅销引起了制片人吉尔伯特·米勒的兴趣。米勒将《琪琪》一剧的制作任务交给了米勒制作公司的总经理莫顿·戈特里布，并签下已在好莱坞发展了二十多年的著名导演乔治·库克来执导此剧。

万事俱备，只欠"琪琪"。

根据合同，饰演琪琪的女演员，必须得到科莱特的首肯。

百老汇的所有女星都被请来试演过了。可是，找不到能得到科莱特认可的琪琪。

琪琪的扮演者，必须是活泼可爱的，带有淘气的特质，必须是众多社交名媛中一种独特的存在。

可是，琪琪啊，你到底在哪里？

真是踏破铁鞋无觅处，得来全不费工夫！现在，科莱特终于在法国的海滩上，发现了她的珍宝！

科莱特当即让丈夫发电报给米勒，告知他这一大好消息。

02

米勒：大肉饼必须变回小精灵

在蒙特卡洛见到赫本的第二天，科莱特就迫不及待地邀请赫本到她的房间里商谈出演琪琪一事。

出于本能，赫本未做他想，一口回绝："不行！我从来没演过舞台剧，我是舞者，没有在台上说过话！"

科莱特一笑。对这个她好不容易觅来的珍宝，科莱特有的是耐心。她狡黠地转移话题，与赫本谈论起旅游、美食、音乐，甚至还有科莱特自己的那些斑斓情史。等到赫本的身心完全放松了，科莱特知道，说服这个小家伙的时机到了。

科莱特说，身为努力奋斗的舞者，你可不能只满足于在舞台上蹦蹦跳跳。你有挑战女主角的潜力，相信我，你一定可以办得到！

面对目光里充满殷切期待、一心一意想提携自己的传奇人物科莱特，除了点头答应一试之外，赫本还能怎么办呢？

1951 年 7 月，米勒与鲁思从纽约赶来，约见赫本。二人一见之后，均喜不自胜，科莱特所言果然不虚！眼前这个女孩，就是那个独一无二的琪琪！

虽然事前对科莱特有过允诺，但赫本仍然对挑战舞台剧女主角略显犹豫。不过，因为科莱特的极力赞美与举荐，琪琪这一角色，最后还是毫无争议地落在了赫本头上。

米勒接下来要做的，是和联英影业商谈出借赫本事宜。

因为赫本当时还不是大明星，所以联英影业很爽快地答应出借赫本给米勒，并收下了米勒付给的几千英镑的补偿金。联英影业之所以如此爽快，是因为他们觉得，出借赫本并不会给他们带来什么损失——如果根据《琪琪》改编而成的《金粉世界》一剧成绩不佳，赫本自然还会乖乖回到联英影业来，并且会更努力地为他们工作。

相反，如果赫本能在《金粉世界》中一炮走红，成为名扬四海的大明星，那以后必然会给他们带来更丰厚的回报。既然如此，何乐而不为？

对赫本来说，当初之所以对出演琪琪表现得不那么积极，其实很大程度上是因为信心不足。赫本认为自己缺乏舞台剧表演经验，担心会将这一角色演砸。但当琪琪这一角色真正落在自己的头上时，赫本还是万分激动与喜悦的。

10 月底，赫本心情复杂地登上了前往美国的轮船。

能签下百老汇，开心。能不能演好琪琪，忐忑。念及即将面临的各种新挑战，焦虑。导演会如亨利·卡斯那般对自己百般挑剔吗？紧张……

当一个人承受的压力太大时，往往会选择自己最喜欢的方式来减压，女孩子最喜欢的，莫过于逛街与美食。而曾在战争中饱受饥饿折磨的赫本，很自然地选择了大吃特吃。

可以想象，大吃特吃带来的后果，是体重的迅速增加。当轮船终于抵达曼哈顿码头时，前来迎接赫本的米勒和鲁思都大吃一惊。这还是几个月前他们见到的那个活泼可爱、体态轻盈的小精灵吗？眼前分明就是一只连走路都喘气的大肉饼啊!

这可如何是好? 11 月 24 日,可是已经定下的开演日啊!

时不我待。米勒迅速招来戈特里布,下达严格控制赫本饮食的命令——大肉饼必须变回小精灵!

戈特里布心知这可不是什么美差,但也只好硬着头皮答应了下来。还好,赫本表现得很是配合。富尔顿剧院排演结束后,在戈特里布的陪同下,赫本每天去剧院隔壁的丁提摩尔餐厅两次,每餐戈特里布只允许赫本吃一客鞑靼牛排。这是一道欧洲菜,由生切沙朗牛排加上生蛋、芥末、乌醋、洋葱、酸豆和香料做成。这样,既能控制赫本的饮食,又能保证必需的营养。

众人长舒了一口气——一个月后,那个小精灵终于回来了!

因为这段经历,赫本从此爱上了丁提摩尔这家富有爱尔兰情调的餐厅,虽然它也有点小小的喧闹,菜品与酒类其实也与其他的普通酒馆无异。《金粉世界》演出结束后,赫本还经常带她的朋友们到丁提摩尔来吃夜宵。

点一客水潜蛋和牛肉汉堡,再喝一杯比利时啤酒,赫本觉得,一天的疲劳就会渐渐地远遁,而全身又充满了迎接明天新挑战的活力!

03

奈丝比特：她有很宝贵的观众缘

虽然大肉饼变回了小精灵，可赫本心里的压力并未减轻丝毫。

来自外部的压力，主要是观众对《金粉世界》这部剧，尤其是对女主角琪琪的期望值很高。

这有什么奇怪呢？要知道，科莱特历来就是个要么带给你惊愕要么带给你惊喜的人。科莱特先前的音乐剧，几乎部部火爆：《红男绿女》《风流贵妇》《长青树》《国王与我》……编剧鲁思的实力也不容小觑，有其曾经的作品《绅士爱美人》为证。而制片人米勒紧锣密鼓的公关活动，更是为这部即将上演的舞台剧成功造势。总之，《金粉世界》还未上演，便已轰动。几个月前，门票便已销售一空。

而最大的压力，其实来自赫本对自己表演能力与才华的质疑。科莱特的舞台剧能否和她的音乐剧一样大受欢迎？这部剧能否取得预期的成绩？这一切，很大程度上都取决于她赫本的表现啊。

事实上，排演期间，赫本的舞台表现确实令人担忧。

琪琪的角色，需要老练与技巧，然而正如赫本自己对记者说的那样："我没有任何舞台训练。我想我在学会之前，得凭本能演出。"

鲁思亦觉得自己心悬半空："在排演《金粉世界》最后一幕的高潮戏时，奥黛丽依旧像个暴躁的少女，而非受尽恋爱悲情之苦的女人。"

英国著名演员凯瑟琳 · 奈丝比特在剧中饰演琪琪的阿姨。奈丝比特也忧心忡忡，因为她发现，赫本对念台词简直毫无心得，也不知道如何揣摩角色，就像一头瞪羚般在台上乱窜。

因为种种原因导致库克未能执导此剧，取而代之的是法国舞台剧导演雷蒙 · 胡勒。胡勒一句英语也不会说，幸而赫本的法语非常流利，不然情况可能会更加糟糕。

好在，赫本是个很谦虚的女孩，从不轻易放过向前辈们学习的机会。而奈丝比特发现，自己很是喜欢这个与自己的女儿年龄差不多的女孩。

赫本非常尊敬奈丝比特。尽管奈丝比特成就非凡，却没有一丝傲狂，很快，两人成为亦师亦友的莫逆之交。每天奈丝比特都会与赫本相约一起研读台词，练习语调，揣摩角色，设计动作。有了奈丝比特这一戏剧导师的悉心指点，赫本有了很大的进步。

很快，11 月 24 日，正式开演的日子到了。

那天恰逢赫本的二哥伊安新婚，一早，赫本就给伊安打电话祝贺。伊安告诉赫本，他已经做出决定，准备将他的第一个孩子取名为奥黛丽。赫本听了非常开心，吃过简单的早餐后，又读了一遍其实已经烂熟于心的剧本。然后，赫本给科莱特发了一封电报。

一切似乎都很稳妥。

然而，等到赫本与奈丝比特一起搭车前往富尔顿剧院准备首演的时候，糟糕的情况出现了——赫本开始紧张，脸色苍白，怕得发抖。

幸亏有奈丝比特。亲爱的奈丝比特就是赫本强大的精神支撑。她总是会在赫本最需要的时候出现在赫本身边，给赫本以鼓励和赞美。

来自奈丝比特的安慰对赫本来说，无疑就是定心丸与及时雨："你有很宝贵的观众缘，完全不用担心，你很棒。"

两个小时以后，奈丝比特与赫本相拥而泣——赫本一炮而红！一夕之间，成了百老汇家喻户晓的明星！

好评铺天盖地而来。

《纽约时报》盛赞赫本是"有魅力的年轻女演员，规规矩矩而才华横溢……是本剧中清新的成分，就像琪琪一样，从第一幕中的生涩笨拙发展到最后动人的高潮，表演自然不做作，流畅慧黠而扣人心弦。"还有剧评家称赫本直率天真，有小男孩般的机智，认为赫本拥有无可置疑的美和才华，虽然略显紧张，但表现得优雅而专业。

当然，也有批评赫本缺乏经验、太聒噪的。

尽管如此，赫本还是认为自己表现得不够好，甚至担心到了食不下咽的地步。这其实一点也不奇怪，赫本一直是一个欠缺安全感的人。这种不安全感使赫本无法发现自己的天赋，无法悦纳自己，她甚至无法相信自己的努力已经结出硕果。难怪赫本的儿子肖恩曾撰文形容母亲是一颗"看不见自己光芒的星星"。

这个时候，来自亲人的肯定与赞美是何等重要啊。埃拉答应过要来百老汇观看女儿的表演，现在，12月19日，埃拉终于来了。看完表演之后，面对女儿充满热切期待的眼神，埃拉语气平淡地评价说——

亲爱的，对于毫无才华的你来说，你表现得很好。

和埃拉不同，奈丝比特总是对赫本说，你很棒，你要相信自己。你看，你拥有多少人梦寐以求的观众缘啊。只要你一登台，观众的视线就会跟着你转！

所以，总是在赫本最需要的时候出现，总是及时给予赫本肯定与勉励的奈丝比特，在很大程度上弥补了母亲埃拉的不足，两人之间的珍贵友谊一直持续到奈丝比特离世。

事实上，正如奈丝比特所言，无论人们怎么谈论赫本，只要赫本一出场，就会迷倒众生。到了后来，人们的描述与赞美简直到了词穷的地步，曼哈顿的社交圈中，无数的餐会和颁奖场合都请赫本担任贵宾，只要一听到赫本出席，大家就会屏息以待。

此外，1952 年 2 月，赫本还受邀参加了电视综艺节目《小城市大人物》，客串演出《九日皇后》中的格雷郡主。4 月，赫本全程参与演出现场电视剧《雨天在天堂路口》，饰演一个跛脚小女孩。跛脚女孩渴望能在好莱坞的电影中跳芭蕾，最后却只能搭上火车回到她居住的小城。赫本的演出虽然简短，但塑造出的人物形象却令观众眼前一亮。对赫本来说，这次演出乃是一种全新的体验与提升。

第九章《罗马假日》，登上奥斯卡领奖台

01

惠勒：每个人都对这个女孩很有信心

1951 年 9 月的一个早上，赫本接到了联英影业选角主任李纳德的电话。李纳德告诉赫本一个好消息，派拉蒙伦敦办事处的选角人理查德·米兰德正在为好莱坞即将拍摄的电影《罗马假日》寻找女演员。米兰德的手上有英国所有电影公司和签约演员的名单，而他偏偏对桌上一本杂志上的封面女郎产生了浓厚的兴趣。

封面女郎正是赫本。

李纳德之所以同意让赫本去与派拉蒙的人接触，除了因为出借赫本能够给联英影业带来一笔丰厚的收入外，更是因为他非常喜欢赫本，愿意给这个女孩提供机会。

这日，赫本去见好莱坞大名鼎鼎的导演威廉·惠勒。不过，富有戏剧性的是，赫本对大导演惠勒居然一无所知。如果赫本事前做一下功课，应该不难获知她将要见到的是一个已经在好莱坞执导了五十九部影片，得到过两次奥斯卡奖的大导演。在惠勒执导的影片中，有十四位演员获颁奥斯卡小金人，更有三十六名演员获得奥斯卡提名，在好莱坞，几乎无人能拒绝在惠勒的影片中演出的机会。

不过赫本这一本不该有的疏忽，反而成了好事。正因为赫本不知道惠勒为何人，所以去见惠勒时非常放松，不紧张、不拘谨更不胆怯，在惠勒面前表现得"非常机警、聪明、才华洋溢、雄心勃勃"，而且惠勒发现赫本在对话中没有美国腔，如果用她来饰演剧中来自欧洲某国的安妮公主，应该具有得天独厚的优越条件。

惠勒告诉赫本，能不能得到饰演安妮公主的机会，还得看 9 月 18 日的试镜情况。

试镜那日，赫本高兴地发现，导演是曾和她在《双姝艳》中有过愉快合作的狄金森。

试镜表演的内容，是剧本中比较精彩的一幕——安妮公主结束了一天冗长而无聊的官方拜会之后，回到寝宫，换上白色睡袍，由侍女伺候上床。因为对宫廷生活的厌倦，公主开始大发牢骚，继而歇斯底里大声哭泣。

赫本仔细揣摩着人物的心理，然后很快进入角色。她将白天必须仪态万方、优雅迷人、时刻代表国家形象，而在回到寝宫后卸下全身的铠甲，回归为一个任性的、坏脾气的、尽情发泄与哭闹的安妮公主演绎得精妙绝伦。

演完这一段之后，赫本坐起身，双手抱膝，毫无戒心地笑着问狄金森："我表演得如何？还可以吗？"

狄金森笑而不言，进而要求赫本换下戏服，穿上平常的服装，回到拍摄现场，并与赫本聊工作和赫本战时在荷兰的生活。

此时的赫本并不知道，试镜结束之后，自己与狄金森和其他工作人员的玩笑与闲聊，全部被捕捉到了事先安排好的镜头里——期待得到肯定的神情，言谈中流露出的年轻女孩的雄心壮志……而这一切，都是惠勒的精心安排，他要拍表演状态下的赫本，更要拍处于自然状态下的赫本。

因为经验丰富的惠勒明白，《罗马假日》能否成功，很大程度上取决于男女主角自然的、不做作的演出。

惠勒在看完赫本的试镜影片之后，给派拉蒙的选角人米兰德写了一封信。惠勒在信中夸赞了狄金森，并高兴地告诉米兰德，那个叫奥黛丽·赫本的女孩试镜表现非常好，片场里每个人都对这个女孩很有信心。

已经签约担任男主角的是大明星格里高利·派克。根据合约，派克有权决定女主角的人选。惠勒将赫本的试镜影片播放给派克看，派克的反应不坏，赫本担任女主角一事终于尘埃落定。

派拉蒙的主管唐·哈特曼表态说，我们都被这个女孩迷住了，不必任何人敦促，马上和她签约。

原本，派拉蒙想用十万英镑解决赫本与联英影业的合约，但联英影业不同意，提出派拉蒙每借赫本一次就得付一次款，而且，还要求得到派拉蒙借用赫本所拍影片在英国的发行权。

派拉蒙咬咬牙，决定签下这个史无前例的合约。

10 月 15 日，赫本与派拉蒙签约，从而成为史上第一位以新人身份同时签下歌舞剧与电影女主角合约的女演员。

02

海德：这个女孩领先时尚

因为《金粉世界》大获成功、观众欲罢不能，派拉蒙不得已同意延后《罗马假日》的拍摄。

等到《金粉世界》终于贴出闭幕的告示，已是 1952 年的 5 月。不能再耽搁下去了，无论如何，赫本都必须于 6 月赶赴罗马。派拉蒙做出保证，《罗马假日》绝对会在 9 月底杀青，届时，赫本定能及时赶回美国参加《金粉世界》从 10 月开始的全美巡演。

时间紧急。一切准备工作都需紧锣密鼓抓紧筹备——剧本、服装、化妆、各项物资、申请在名胜古迹拍片的法律文件、演员们的日程安排……

早在 2 月时，赫本就读到了最新版《罗马假日》的剧本。当然，这个剧本也并非定稿，正如剪接师罗伯·史温克所说，这部片子根本就是边写边演。直到全片拍完，才真正确定剧本。不过，这倒也是电影制作的常态，有些旷世巨作，如《乱世佳人》，就是即席演出的结晶。

当然，编剧高手班·赫克特在接手剧本创作之后又将拿出怎样的新版本，以及其他的诸多筹备细节，是无须赫本操心的。

不过，戏服例外。

负责为《罗马假日》进行服装设计的是美国著名设计师艾迪丝·海德。不过，海德本人却非时尚达人，她一头黑发，声音尖锐而高亢，既不温柔也不优雅。但是，海德所取得的成就，数十年来无人可以与之匹敌。盛名之下，难免倨傲。但海德有一点甚为圈内人称道，那就是她的口风甚紧，从不向外界透露明星的身材和秘密，更不喜欢飞短流长聊八卦，这些都为海德赢得了极好的口碑和众多的忠实客户。

第一次见到赫本，海德便觉眼前一亮。这个女孩，身高一米七，腰围二十英寸，拥有非常完美的模特身材，是天生的衣架子，如果实在要在鸡蛋里挑骨头，那就是这个女孩太瘦削了，如果胸部能丰满些，那简直就是无懈可击了！

再看赫本那日的装扮，海德不禁暗暗叫好——一身得体的深色套装，领子与袖口均为白色，更为别致的是，扣洞上还插着一枝铃兰。加之手上戴着的白手套，更显得这个有着天使一般脸庞的女孩是那样清新、雅致、品位不凡。

海德对赫本的第一印象非常棒——这个女孩领先时尚！

在接下来的交谈中，海德发现赫本对于时尚的了解与见解远超其他女星。而且，这是一个绝不会跟着流行风走的女孩。

海德很欣赏赫本的个性，决定尊重赫本的原则。于是，海德说服自己，一定要极力抵制住要为赫本设计出能与赫本争奇斗艳的服装的欲望。因为那样做的话，固然可以满足自己的创作欲与成就感，却可能导致人们只去关注华服本身而忽略了赫本的表演。

果然，看完海德设计好的戏服草图后，赫本做了一些很重要的改动。海德发现，经过赫本改动过的戏服，颈部的线条显得更为简洁流畅。而皮带与鞋子，赫本则坚持选用宽皮带与低跟鞋。她要饰演的安妮公主逃出大使馆后，将以一个普通的罗马观光客的身份度过终生难忘的二十四个小时，服饰与鞋子，当然要以家常和舒适为主。

虽然海德从不喜欢道人长短，但对赫本，海德逢人就说，从来没有哪个女星能像赫本这样，让她工作得如此轻松！

当时黑白片的化妆很是复杂，讲究细节，化妆成分和程序不仅要看皮肤状态，还要看角色的个性、现场的灯光与服饰以及演员本身的特质等等。为此，派拉蒙化妆部门为赫本派来了两位经验丰富的男士，而在罗马负责为赫本化妆的则是意大利化妆好手阿尔贝托 · 德 · 罗西。

所有人都在翘首以待——这个女孩子，能够呈现给世界一个完美的安妮公主吗？

03

派克：要爱上她实在太容易了

看过《罗马假日》的人，无不被安妮公主和新闻记者乔之间那段短暂而又恒久的爱情深深打动。

安妮公主厌倦了宫廷生活中的各种繁文缛节，她换上衬衫长裙与平跟鞋，偷偷溜出大使馆，以一个普通罗马观光客的身份去体验普通人的生活。安妮在罗马的街头邂逅了新闻记者乔，因为药效发作，乔不得已将昏昏欲睡的安妮带到了自己的寓所。在接下来的二十四小时里，乔和自己的朋友，摄影记者厄文带着安妮游览罗马风光，安妮剪掉长发，还抽了烟，吃了冰淇淋，跳了舞，甚至还因为骑摩托造成了交通混乱而被警察逮捕……在这精彩纷呈的二十四小时里，安妮和乔已在不知不觉中坠入爱河。片尾，夜色降临，安妮必须回去了。两人深情相拥后，乔默然离去。

这段爱情，成了好莱坞电影史上的一大绝唱。

至今都有人追问：安妮和乔的扮演者，也就是赫本与格里高利·派克这对银幕情侣，在生活中，是不是也上演过一段轰轰烈烈的爱情？

人们有此一问，不足为奇。派克曾在公开场合夸过赫本："她从不说人坏话，道人长短，她的个性很好，我想大家都知道这一点。她没有这一行常见的笑里藏刀、飞短流长，我很喜欢她，其实我爱她，要爱上她实在太容易了。"

那么，派克这段话里的"喜欢"与"爱"，是不是就是《罗马假日》的影迷们热切希望的爱情呢？

对于 1952 年的赫本来说，格里高利 · 派克是让她高山仰止的天王巨星。她能得到饰演安妮公主的机会，固然与自己的努力有关，但若是没有派克的首肯与提携，一切都是枉然。派克与派拉蒙签下的合约中，除了有权决定女主角的人选之外，还有一条，只有他的名字能放头牌挂在片名之上。此外，两人当时的片酬也有天壤之别。赫本在与派拉蒙最终签下的合约中，所得的薪酬是十二周周薪共七千美元，另加每周二百五十美元的生活费。而当时派克的周薪是十万美元，另加生活费一千美元。

虽然新星出于对老牌明星的膜拜从而一见钟情的事例并不少见，但客观地讲，赫本对派克产生爱情的可能性不大。因为此时的赫本与恋人汉森已经发展到谈婚论嫁的地步。两人计划拍完《罗马假日》后就举行婚礼，汉森每个周末都会飞到罗马探班，甚至平常日子里也经常能看到汉森在片场转悠的身影。只要一有时间，两人就会泡在一起。

而派克此时，也正在热烈追求法国记者薇若妮卡 · 帕萨妮。后来两人的恋情开花结果，帕萨妮成了派克的第二任妻子。

如此看来，把派克所言"要爱上她实在太容易了"之"爱"，理解为一种比喜欢浓一层、比爱淡一层的欣赏似乎更为贴切。事实上，当时整个剧组，又有哪个不喜欢与欣赏这个可爱的女孩？

大家发现，纵然演出再辛苦，赫本也从不叫苦。惠勒是个追求完美的导演，常常要求演员为同样的镜头一拍再拍，直到演员筋疲力尽。要命的是，他无法清楚地解释究竟要演员如何去表现，但在他的调教之下，演员们都能拿出压箱底的本事，当然，作品也往往因此而获奖。

有一次，惠勒拍摄某个镜头，连续拍了五十多次之后，才终于宣布：

"还可以——但似乎有点不够自然！"而在此过程中，赫本一直欣然配合，从无异议。

一向对年轻演员不置一词的惠勒也忍不住对赫本大加赞美："她是快要绝种的类型——努力不懈、一心向学的表演学生。"

总之，1952年的夏天，《罗马假日》的整个拍摄团队都因为赫本的加盟而感到非常愉快。

拍片闲暇时，派克和赫本会围着一张小凳子玩牌，两人自在而轻松地相处，结下了深厚的友谊。派克从不对赫本摆明星架子，总能让赫本感到自然和放松，而这种状态，显然更有利于赫本在拍摄过程中快速进入情境且有自然和不做作的上佳表现。

开拍不久，派克就发现，赫本的表现一流，她的演出绝不比他差。这个女孩的表演太抢眼了，很可能会获奥斯卡奖。杀青之后，惠勒也确定赫本的表现的确耀眼，向派拉蒙提出赫本挂名的问题。派克正有此意，双方一拍即合，对原先的合约进行了以下改动：头牌由格里高利·派克和新星奥黛丽·赫本出演。

果不其然，《罗马假日》上映之后，佳评如潮。

片中的赫本就像精灵一样，时而高雅，时而顽皮，时而端庄，时而活泼，不负众人所望，赫本给世界电影史呈现出了一个完美的安妮形象。至今，赫本的影迷都会亲昵地称赫本为"永远的公主"。

1954年3月25日，是赫本生命中一个极其重要的日子。那天，她从舞台剧现场直奔奥斯卡颁奖现场，连妆容都未完全卸掉。她因《罗马假日》一片获颁1953年奥斯卡最佳女主角奖！

那一刻，赫本捧着奥斯卡小金人，喜极而泣。

第十章 《龙凤配》，银幕形象得以巩固

01

纪梵希：塑造自己坚强、独立的形象

长岛富豪之家拉勒比夫妇有两个儿子，都未成婚。少女莎宾娜是拉勒比家司机的女儿，聪明漂亮，天真烂漫。莎宾娜一直暗恋拉勒比家的小儿子戴维，但花花公子戴维浑然不知。后来父亲将莎宾娜送往巴黎学习厨艺，五年的巴黎生活，莎宾娜得以脱胎换骨。回长岛之后，面对戴维的追求，莎宾娜却发现自己爱上了拉勒比家的大儿子——因为忙于事业而无暇恋爱的莱纳斯……

这是赫本在好莱坞的第二部电影《龙凤配》的主要剧情。

剧本原为山缪·泰勒所写的《美丽迷人的莎宾娜》，早在该剧于百老汇上演之前，派拉蒙就已经取得了电影版权，派拉蒙旗下的大导演比利·怀尔德同意执导此片。但在读过剧本之后，怀尔德认为，泰勒的文字固然巧妙优雅，但要想在好莱坞大放异彩，必须大改。两个月后，泰勒看到自己心爱的作品被怀尔德"糟蹋"得面目全非，勃然大怒，后来改由恩斯特·莱曼重编剧本。不过，莱曼与怀尔德一样固执，两人一边争斗一边合作，直到片子已经开拍，剧本还没出炉。

赫本在剧中饰演莎宾娜。她的戏服仍由曾在《罗马假日》里有过合作的海德负责设计。

赫本对戏服有自己的主张，海德拿来的服装设计图她并不满意。后来，怀尔德和派拉蒙的主管哈特曼做出了一个决定，他们答应赫本，可以让她自己去巴黎购买戏服！

因为怀尔德和哈特曼知道，赫本对服装的选择有她独到的眼光与见解，他们相信，赫本最是明白哪些衣服适合她和她将要扮演的角色莎宾娜。让赫本自购戏服，还可以为派拉蒙节省下一大笔费用，比如，可以不必在影片打上外国服饰设计师的名号，无须支付进口服饰的关税等。

于是，1953 年 7 月底的一天，赫本来到巴黎，兴致勃勃地敲开了法国服装设计师纪梵希工作室的门。此时的赫本并不知道，她敲开的其实也是她和纪梵希之间长达半个世纪的友谊之门。

此时的纪梵希还只是一个名不见经传的小小设计师，不过，纪梵希贵族出身，身材颀长，举止优雅，充满活力，与同为贵族出身的赫本一见如故。

那天，赫本头戴一顶绑有"VENEZIA"字样的缎带草帽，身穿短运动衫与素色裤装，脚上则是一双平底圆头如芭蕾舞鞋的鞋子。

那样青春，那样活泼，那样靓丽。

赫本的魅力，无法抵挡。纪梵希坦言，第一次见到赫本，就感觉赫本"像脆弱小动物"，让人有一种愿意不顾一切保护她的冲动。

"她有极美的眼睛，这么纤细——而且没化妆！"

赫本的素颜，展现的是一种无可比拟的自信。

纪梵希深感抱歉的是，由于当时正忙着推出自己设计的第一批服饰，所以实在没有时间为赫本动手设计戏服。不过，纪梵希邀请赫本参观了他的成衣作品，并让她从中随意挑选。

赫本看中了三件纪梵希的作品。

一套灰色羊毛套装。嗯，莎宾娜从巴黎回到长岛时，就该穿这样的衣服。既显得成熟、内敛与高雅，又有一种低调的奢华。

一件黑色船领小礼服，领子用小别针别在肩上。穿上它，莎宾娜一定会显得干练、自信，魅力十足。

然后，就是那件美得让人屏息的白色无肩带礼服了！对，就是它了！莎宾娜穿上它去参加舞会，一定能占据戴维的眼！

礼服上绣着黑色丝质花朵图案，还有一片可以拆卸的拖裙。赫本本能地感觉到，这件简洁而又优雅的华服，能与她高挑的身材及清新的表演珠联璧合，缔造出一段属于她的传奇。

赫本带着这三件纪梵希的作品，愉悦地离开了纪梵希工作室。

不过，赫本与纪梵希之间的合作，才刚刚开始。

纪梵希对赫本的印象非常深刻："设计师为她制作服饰之后，她会进一步添加一点自己的特色——一些细节，却起到画龙点睛之效。"

此次巴黎之行，孕育出赫本与纪梵希之间终生不渝的友情。两人之间的友谊远超过设计师和模特儿或客户之间的关系。他们都把对方当作自己一生的知己。此后，赫本为纪梵希无偿代言香水，甚至为此炒掉了瞒着自己向纪梵希索要报酬的经纪人。赫本弥留之际，想回瑞士的家却又无法承受舟车之苦，纪梵希得知后，动用自己的私人飞机将赫本送回瑞士的家……

这些将在未来发生的故事，都让人无限动容。

有人说，这世间，有一种知己，就叫纪梵希。

这句话，同样让人无限动容。

02

威莉丝：这里根本就是战场

未料《龙凤配》一开拍，就闹得鸡飞狗跳。

对当时片场里的糟糕状况，饰演戴维未婚妻的女星马莎·海尔·威莉丝曾经做过这样的描述："我一来就发现这里根本就是战场。拍片期间，不仅摩擦很多，而且各拥阵营，钩心斗角。不知道为什么，鲍嘉似乎一心觉得荷顿、怀尔德和奥黛丽都跟他作对——或许是因为他觉得不安全，对自己的角色没有自信。"

威莉丝说得没错，几乎所有纷争的焦点，都集中在拉勒比家的大儿子莱纳斯的扮演者亨佛莱·鲍嘉身上。

原本，这一角色是由与怀尔德有过数次合作的加里·格兰特饰演的，然而，格兰特考虑到自己年近半百，与当时只有二十四岁的赫本搭戏很有压力，就以另有片约为由临时退出。怀尔德无奈之下，请鲍嘉出演莱纳斯。

这真是一个几乎让所有人抓狂的决定。

开拍第一天，鲍嘉就将自己与怀尔德、赫本、荷顿（戴维的饰演者）对立起来。那天，鲍嘉在自己的化妆室里准备了饮料招待演员和其他工作人员，却偏偏不邀请怀尔德他们三个。一开始怀尔德他们并不以为意，直到几天之后，怀尔德请鲍嘉共饮遭拒，才知道鲍嘉对他们三人早就有了敌意。

那么，鲍嘉为何讨厌怀尔德呢？

鲍嘉虽然答应出演莱纳斯，但对怀尔德当初未将自己作为饰演莱纳斯的第一人选之事耿耿于怀。加之当时鲍嘉已经五十四岁，因为长期的酗酒及疾病困扰，看起来比实际年龄还要大很多，鲍嘉对自己的角色缺乏信心也在情理之中。另外，鲍嘉曾提出让比自己小二十五岁的妻子洛琳·白考儿取代赫本饰演莎宾娜，但未能如愿。

所以，鲍嘉很生气。鲍嘉一生气，后果很严重。

有一次，怀尔德带了一段重新修改好的剧本台词给鲍嘉，鲍嘉边看边问怀尔德："你的女儿多大了？"

怀尔德感到莫名其妙，但还是老老实实回答道："七岁了。"

鲍嘉一把将剧本丢给怀尔德："这是她写的吗？"

为了不影响大局，这种羞辱，怀尔德咬牙忍了。

然而，鲍嘉并未因此收敛，反而变本加厉。他甚至模仿怀尔德的音调，骂怀尔德是"纳粹狗娘养的"。怀尔德终于爆发了。每个人的生命中都有不可触摸之痛，要知道，怀尔德的母亲、继父还有许多亲戚都是犹太裔，当年可都是死在了纳粹的集中营里啊！

男主角与导演几乎水火不容，势不两立，这戏还怎么拍？

鲍嘉还厌恶荷顿。

因为荷顿年轻。因为年轻的荷顿是个比他还要厉害的酒鬼。还因为两人常常意见相左，尤其是荷顿当初居然也不赞同他用白考儿取代赫本出演莎宾娜的建议！

荷顿有个习惯，在午餐喝酒之后，非得休息到清醒才能再拍下去。

鲍嘉虽然自己也酗酒，但对荷顿的做派非常不满。当有一天荷顿摇摇晃晃根本无法往下拍时，鲍嘉忍不住对荷顿大声地进行冷嘲热讽："我想这家伙葡萄吃太多了。"荷顿大怒，多日来积累的对鲍嘉的不满情绪瞬间找到了突破口，两人拳脚相加打成一团。众人好不容易才将两人分开。

两个男主角戏里亲兄弟戏外胜仇敌，这戏还怎么拍啊！

赫本是个人见人爱的女孩，可是，鲍嘉却也一点都不喜欢这个"夺走了"妻子白考儿角色的女孩。

当一个人不喜欢另一个人的时候，对方所有的优点，都能成为自己的痛点。

而现在，怀尔德居然还要他与这个女孩在片中扮演一对渐生情愫并最终花好月圆的恋人！为什么不是白考儿？！

有一次，赫本拿到新的剧本，不慎念错了一行。鲍嘉立即不怀好意地讥讽道："或许你应该好好待在家里读剧本，而不是每天晚上都出去。"鲍嘉意有所指，当时赫本和荷顿正在热恋，晚上经常跑出去约会。

赫本非常委屈，因为她在拍戏之前总是会做好充分准备的，通常在第一次拍摄之前，赫本就会将台词背得滚瓜烂熟。可谁能保证自己永远都不出现失误啊！

然而，赫本只是朝鲍嘉大度地笑笑，继续拍摄。

鲍嘉有个让人几乎难以忍受的坏习惯，喜欢一边拍戏一边喷口水，这让与他搭戏的赫本非常不自在。幸而怀尔德细心，预先让赫本的服装助理为她准备好一条毛巾。不过，鲍嘉的这一坏习惯可害苦了摄影师查理·郎恩。他不仅要时刻小心鲍嘉的口水，还要注意进行背光处理，哪怕只有一丁点唾沫，都会在光下现形的。

　　总之，鲍嘉就像一只坏脾气的刺猬，见谁扎谁。又像一枚炸弹，随时都有可能找到引爆的理由。

　　其实，站在鲍嘉的立场上，这些倒也不难理解。毕竟，赫本与荷顿都是前途灿烂的新星，而自己显然已经过了巅峰时期。如何才能让观众信服莎宾娜最终会放弃英俊潇洒的戴维而选择面相苍老的莱纳斯？鲍嘉的压力之大可想而知。

　　不过，尽管鲍嘉在整个拍片过程中都处于一种不安与嫉妒的不良情绪中，但毕竟他还是一名实力派的老牌明星，最终，他还是成功地塑造出了"莱纳斯"这个极富个人魅力并家喻户晓的角色。而这一角色，也成了鲍嘉整个艺术生涯中最大的闪光点。

03

怀尔德：她无法复制

对于怀尔德来说，在这一硝烟弥漫的战场上，赫本有时就是化解危机的救命稻草。若是没有赫本的及时出手相助，真不知道这部片子会不会中途夭折。

有一次，怀尔德删掉了一段鲍嘉的戏份。若是被鲍嘉知道，必然要大闹甚至罢演。删掉的那一大段戏，得想办法花时间补上，可要瞒着鲍嘉重写剧本，既要与前面的剧情无缝对接又不能让鲍嘉看出端倪，可不是一件容易的事。

怀尔德和莱曼需要时间。怎么办？

怀尔德将求援的目光转向了赫本："你，能不能帮我装个病？虽然这可能对你的信誉有那么一点……"

赫本心领神会，立刻决定协助怀尔德和莱曼。

"哦，我的头好痛，我得躺一下。"

十五分钟过去了。

怀尔德和莱曼呢？他们怎么还没有出现？哦，十五分钟太短，重写剧本太难。

赫本继续装病。

一小时过去了。半天过去了。

赫本的头痛，自然没有好转的迹象。

就这样，靠着赫本的掩护，怀尔德和莱曼终于争取到时间，妥善解决了当天的剧本问题。

怀尔德很是感慨，若是鲍嘉也能像赫本这样，守时、谦逊、不端架子，那该是何等愉悦的合作啊！

怀尔德对赫本给予了高度评价："她无法复制，永远循规蹈矩。她的内在很丰富，只要略施性感，就有惊人的效果。"

片中，因为剧情的需要，赫本要清唱一首歌，那就是著名的法国香颂 *La Vie En Rose*（《玫瑰人生》）。赫本唱这首歌，是为了表现出莎宾娜从巴黎归来再遇莱纳斯时，对努力把握自己的幸福和拥有"像玫瑰一般的人生"的自信与企盼。

可是，赫本曾向记者坦言，自己的歌喉实在算不上出类拔萃："我不得不如此。刚来的时候，我根本没有歌声，我的声音单调又尖锐、没有变化。"

派拉蒙的主管吓坏了，赶紧与赫本的经纪人寇特·弗林斯联系，能不能不要如此坦白嘛！

为了能够唱好这首歌，赫本在开拍前花了几周的时间拜师学唱。虽然赫本确实谈不上有什么唱功，但她勇于挑战自我，经过一段时间的苦练，最后，银幕上呈现出的赫本歌声纯净、清脆，很有辨识度。歌声中饱含的深情与浪漫，有效弥补了她歌唱技巧上的不足，其纯真可爱的银幕形象，已是无可替代。

美中不足的是，赫本觉得自己实在有些对不住纪梵希。

事情是这样的，《龙凤配》杀青后，赫本邀请纪梵希到派拉蒙制片厂参加试映会。可是赫本发现，片尾打出的服装设计师的名字是艾迪丝·海德！而且，仅有艾迪丝·海德！可是，海德只为她设计了一套服装而已啊！片中赫本的戏服，大部分都来自纪梵希的工作室，尤其是那件白色无肩带的惊艳全场的华服。

这让赫本感到非常羞愧。

纪梵希也非常意外。不失落、不难过是不可能的。当时，纪梵希的事业刚刚起步，好风须借力，才能上青云，若是片尾能够打出纪梵希的名字，对纪梵希绝对是一种莫大的肯定与帮助。

不过，纪梵希是一个非常达观的人，他相信，不管《龙凤配》承认不承认，自己的才华都在那里，得到业界的认可是早晚的事。所以，纪梵希反过来安慰赫本说，我真的不是很在乎，能为你设计服饰我已经非常开心了。相信我，用不了几年，大家都会知道我纪梵希的名字与品牌！

1954 年 9 月，《龙凤配》上映。尽管故事老套，莎宾娜的角色本身也略显空洞，但赫本自然本真的表演和清脆的嗓音，还是得到了影迷的认可，赢得一片叫好之声，并创下了在纽约连演四十周都未下线的纪录。

不过，当时赫本的片酬仅为周薪一千美元，支付完经纪人、律师和经理的酬劳、扣了税之后，赫本只能拿到三千美元。就连饰演她父亲的约翰·威廉斯都拿到了一万二千美元，两位男主角就更不用说了，荷顿八万美元，鲍嘉则高达二十万美元！

遗憾的是，1955 年，《龙凤配》在第二十七届奥斯卡奖评选中，获得六项提名，但最后只有海德一人获得最佳服装设计奖。

海德上台领取奥斯卡奖时，只字未提纪梵希。

不过，不管得不得奥斯卡奖，赫本大放异彩都已经是不争的事实。《龙凤配》拍摄之后，赫本的发型再一次成为"时尚"的代名词（第一次是在《罗马假日》一片中安妮的俏丽短发），成为众多女性竞相模仿的典范。

这颗熠熠生辉的新星，必将名扬四海。

·第三卷·
一切爱情都是天意

❧❧ 第十一章 汉森，短暂初恋 ❧❧

01

遇见，春风沉醉的夜晚

1951 年的英国影坛，似乎比往年添了一份热闹。

那个春风沉醉的夜晚，赫本应邀参加联英影业赞助举办的鸡尾酒会。

每年，英国影坛大亨都会在伦敦最时髦的招待所、最华丽的夜总会甚至在领事馆里举办各种宴会，邀请明星、导演、制片人、剧作家、演员及社会各界名流参加。

在这样的宴会上，大家或找寻商机，或结交名流，或聊聊八卦，各取所需。当然，偶尔也会上演男欢女爱的戏码。

这不，这个夜晚，赫本就结识了一名魅力十足的富家子弟。这位男子名叫詹姆斯·汉森，二十八岁，身高一米九三，相当引人注目。他一头暗金色的卷发不羁而洒脱，加之一脸灿烂而迷人的微笑，人群之中，汉森就是一颗抢眼的星星。

汉森并非演艺界人士。他的家族因经营货运而致富，后又投资石油等产业。作为卡车业巨子的继承人，汉森的身家已高达数千万英镑。这样一个条件如此出挑的富二代，出现在任何一个社交场合，都是女人们关注的焦点。

原本在工作上，汉森与演艺界没有任何交集，但这并不妨碍他频频出现于有明星和导演们参加的各种宴会上。汉森热衷于参加这样的宴会，但并不是为了谈生意。他对影坛很有兴趣，或者说，他对扮演花花公子追求那些在宴会中出没的明艳女星比经营他的事业更有兴趣。

汉森有一份私密的"最爱名单"，上面罗列着他想追求或正在追求的各种魅力女人。汉森的女友就像走马灯一样不停地变换——好莱坞性感女神艾娃·嘉娜、充满了诱惑与女性之美的珍·西蒙丝以及后来成为时尚界翘楚的琼·考琳丝……

然而，赫本的出现，还是让汉森这个猎艳高手眼前一亮。

这个天使一样的女孩五官精致得近乎无懈可击，是那样清新脱俗、气质高雅，与从前那些围绕着自己的性感尤物太不一样了。与这个女孩相比，汉森不得不承认，往日出现在自己"最爱名单"上的所有女人，简直不值一提。

在追求女孩子方面一向有着强大行动力的汉森立刻做出决定，必须将这个女孩列进自己的"最爱名单"！不，列进自己的"最最爱名单"！马上对她展开猛烈的攻势！

这对汉森来说并非难事。他对如何干净利落地结束一段旧感情与迅速开始一段新感情早已驾轻就熟。

时年只有二十二岁的赫本，除了与勒朋有过一段半途夭折的短暂恋情外，感情生活几乎一片空白。哪个妙龄女子不渴望美好的爱情？面对汉森花样百出的追求攻势，赫本如何招架得住？

这时，有朋友好心地提醒赫本，汉森可是个花花公子。赫本不无顾虑，然而，眼前的种种迹象却又无可辩驳地表明，这回，这个花花公子是认真的，他对赫本的追求，是奔着婚姻而去的。

受里吉亚尼和歌蒂丝的影响，赫本从不在记者面前谈论自己的私生活，更不愿将自己的恋情公布于世，相对而言比较保守与克制。但是汉森不同。汉森早已习惯高调行事，恨不能让全世界都与他分享将美女赫本追到手的骄傲，所以，媒体怎么可能忽略掉1951年他与赫本之间这场轰轰烈烈的恋爱？

消息很快传到了赫本母亲埃拉的耳中。

是的，这次女爵仍是通过媒体才得知女儿恋爱的。母女之间多年来亲密而又疏离的关系，总让赫本觉得无法主动开口与母亲谈论如此私密的话题。

在听到这次女儿恋爱的对象是英俊潇洒的卡车业巨子继承人之后，女爵心满意足。确实，无论从哪个方面看，汉森与当年那个酒店驻唱歌手勒朋相比，都有着天壤之别。

当时，包括女爵在内，几乎所有人都认为，赫本与汉森这对璧人，一定能幸福地迈入婚姻的殿堂。

02

想你，饱尝离别相思苦

1951 年春天，与汉森相识不久，赫本即将前往法国蔚蓝海岸拍摄《蒙特卡洛宝宝》。一对恋人，面临着一场别离。

恋爱中的人，一日不见，如隔三秋。若去法国拍片，得好几个月呢。噢，好几个月见不到汉森，这怎么可以！

赫本的心里其实还有一层隐隐的担忧——像汉森这样的花花公子，若自己离开伦敦，他会不会像当年的勒朋那样，很快就移情别恋？汉森太耀眼，就算他愿意为了二人的爱情坚如磐石守身如玉，也难防伦敦社交场合有些女人主动对汉森投怀送抱啊！

不过，赫本的这些担忧是深藏心底的。有时，与恋人之间零距离，反而是对爱情的一种伤害。

汉森倒是不以为然。在汉森看来，赫本的事业才刚刚起步，理应抓住一切机会。谁说只有伦敦才有机会呢？任何事情都应该尝试一下，因为你无法预料得到，前方有什么样的事情或者什么样的人，或许将会改变你的一生。汉森的想法与赫本在拍《双姝艳》时结识的好朋友歌蒂丝不谋而合。

对恋爱中人来说，最难忍的就是离别相思苦。尽管对汉森一百个依恋、不舍与不放心，赫本还是听从了他与歌蒂丝的建议，去了蒙特卡洛拍片。

拍片的过程并不轻松，事实上是有两部片子在同时拍摄。每场戏用英语拍完后，马上又用法语拍一遍。由于赫本精通法语，所以她是两部影片中唯一饰演同一个角色的演员。但是，赫本并非女主角，她在戏里不过是一个将自己的宝宝误送给了巡回乐师的女星而已。虽然赫本的戏份并不重，但因为要熟悉两部剧本，并且需要同时与两位导演、两组演员合作，所以特别忙碌与辛苦。

筋疲力尽时，想想汉森，回味与汉森在一起时的甜蜜点滴，赫本的全身似乎又充满了力量。

除了拍戏时，赫本太想他了，深入骨髓的那种想。什么时候才能再见到日思夜想的汉森？也许，自己离开伦敦和汉森到蒙特卡洛来，根本就是一个错误！

直到有一天，赫本在拍摄现场与大名鼎鼎的传奇人物科莱特不期而遇，从而得到了饰演琪琪一角的机会，继而借由《金粉世界》名扬四海，赫本这才知道——

原来，汉森说得没错，机会真的就在蒙特卡洛。

原来，琪琪就是命运给予赫本饱尝离别相思之苦的丰厚馈赠。

终于，《蒙特卡洛宝宝》的拍片任务完成了！赫本一刻也不想在法国多待，决定连夜乘火车，回伦敦！

1951 年 7 月 7 日一早，伦敦维多利亚车站，赫本开心不已，她终于又见到汉森那张明朗如阳光的笑脸了！

如同倦飞的小鸟归林，赫本忘情地投入到汉森的怀抱中，周遭终于又都是汉森的气息了。真好！

赫本在汉森耳边轻语，不如带我去乡间度周末吧。我要好好安静一下，远离伦敦的繁华与喧嚣，享受只有你我相伴的周末时光。

汉森欣然允诺。

此时求婚，真是个好机会。

汉森单膝跪下，吻上她的手："亲爱的，嫁给我，好不好？"

这不正是自己曾经想象过无数次的画面吗？那么，还有什么好犹豫的呢？赫本当即应允。

一周之后，《金粉世界》的制片人米勒和编剧鲁思来见赫本，并最终敲定琪琪一角将由赫本饰演。

真是喜上加喜。

9月，赫本和汉森向外宣布了二人将于1952年6月完婚的喜讯。这对恋人受到了大家最热忱的祝福。

现在距离婚期还有大半年的时间，可以从从容容地筹备婚礼的各项事宜。

当时，赫本和汉森都认为，明年6月这个时间，应该不会与两个人的工作发生冲突。

万一有冲突呢？赫本表示，如果冲突源于自己，没关系，她已经做好了为婚姻和孩子随时放弃自己工作的准备。

"我最好的工作，就是做好你的妻子。做好将来我和你的孩子们的母亲。"

汉森心花怒放，噢，亲爱的，你知道吗，这是我在这个世界上听到的最动人的情话……

03

婚礼，看似有期遥无期

1951年9月，赫本被派拉蒙选角人理查德·米兰德看中，接着又顺利通过了导演惠勒和狄金森精心安排的试镜考验，从而得到了出演《罗马假日》女主角安妮公主的机会。

10月，赫本与派拉蒙签下七年间要为派拉蒙拍七部电影的合约。此时的赫本可谓春风得意马蹄疾，她肯定料想不到，这件大好事，会成为她爱情与婚姻的一个重大转折点。

这是多少人梦寐以求的大好事啊。要知道，迄今为止，赫本还是一名没在任何影片中饰演过女主角的新人呢！

而在几个月前，赫本与百老汇签约，得到了在《金粉世界》里饰演那个被众人竞逐的角色——琪琪的机会。

能以新人身份同时与派拉蒙和百老汇签约的女演员，赫本可是有史以来第一人！

所以，必须开香槟庆贺！

当天晚上，汉森带着赫本和埃拉，来到位于摄政街的皇家咖啡厅共进晚餐。

未婚妻星运亨通，前途光明灿烂，汉森喜不自禁。而埃拉虽然表面不动声色，但内心同样幸福满满。

婚期在即，赫本事业上又有如此大的突破，分明就是锦上添花啊，能有什么横生出的枝节，可以阻挡这对幸福的恋人奔向婚姻红毯的脚步？

不要说汉森和赫本，就连派拉蒙都以为，只要一两个月，也就是说，至多到1951年年底，赫本就可以演完《金粉世界》，然后1952年的春天，赫本就能前往罗马参加《罗马假日》的拍摄。而在罗马炎热的夏季到来之前，这部片子一定能够杀青。

掐指一算，1952年的6月前，《罗马假日》杀青，正好两人婚期在即，还能有比这更令人满意的安排吗？

然而，计划不如变化。

1951年11月24日，《金粉世界》在富尔顿剧院首演。两个小时后，赫本一炮而红，成为家喻户晓的舞台剧新星。

似乎就从一夕成名那天开始，赫本忙碌得几乎没有了自己的时间。

《生活》杂志要对她做跨页报道，还有《瞭望》等杂志要对她进行采访。摄影记者等着为她拍照，纽约曼哈顿的社交圈盛情邀请她出席。无数餐会和颁奖现场等待着她的光临，还有电视现场节目《我们这些人》也要对她进行专访……

不过，即使再忙，未婚夫都是赫本生命中最重要的那个人；再忙，也有专属于汉森的私密时间。只要天气条件许可，每个星期天的早上，赫本都会搭飞机去多伦多与汉森相聚。缱绻一日，纵然恋恋不舍，星期一，赫本也会准时赶回百老汇参加晚上的演出。

有时，汉森也会来美国看赫本。

1951年的圣诞节，汉森从加拿大飞抵纽约陪赫本和埃拉过节。

未婚妻已经名扬四海，又怎么能屈尊住在一般演员下榻的黑石饭店？汉森要求赫本和埃拉立刻搬离黑石饭店，入住华尔道夫饭店专门接待各国元首及贵宾的套房。

赫本一一依允。未婚夫以她为傲，她又何尝不是如此？

平安夜，汉森带着赫本几乎游遍了纽约全城。

新年礼物是必须有的，汉森那日送给赫本的，是一枚翡翠钻石白金戒指。

谁也料想不到，《金粉世界》越演越火，欲罢不能，竟连演了二百一十九场。若非派拉蒙再三催促，真不知道要演到什么时候。就这样，一直拖到 1952 年 5 月，米勒才贴出闭幕的告示。

不能再拖了，无论如何，6 月赫本都必须马上去罗马拍摄《罗马假日》！

米勒也得到保证，《罗马假日》绝对会在 9 月底杀青，这样赫本就能及时赶回美国，参加《金粉世界》的全美巡演。

米勒和派拉蒙似乎都没注意到一个问题，那就是，6 月，是赫本和汉森的婚期。

如此安排，到时候，赫本能抽出时间回英国和汉森举办婚礼吗？

奇怪的是，无人提出这个疑问。包括赫本和汉森本人。

也许，这对恋人对未来都有些盲目乐观了——实在不行，婚礼不是还可以延期吗？再说，赫本不是早已做出了为婚姻和孩子随时放弃自己工作的打算了吗？

04

冲突，无奈忍痛斩情丝

1952 年 5 月 31 日，《金粉世界》最后一场演出终于结束了。

赫本长舒一口气。

6 月已近在咫尺，《罗马假日》即将来临。和汉森原定在 6 月举行的婚礼，恐怕得另做打算了。

离出发去罗马还有几天的时间，两人见缝插针，相约去巴黎度假。面对《金粉世界》太晚闭幕的现实，两人商量决定，将婚期从 6 月延后到 9 月底。也就是说，一拍完《罗马假日》，赶在《金粉世界》全美巡演之前，马上结婚！

两人给《罗马假日》预留了起码三个月的时间。

这次应该绝对没有问题了吧？

两人在巴黎待到 6 月 12 日，然后依依不舍地分开。赫本直接从巴黎赶往罗马，而汉森则回伦敦和多伦多工作。

拍片的日子里，每逢周末，汉森必来罗马探班。便是平常日子，只要能抽得出身来，汉森就会出现在片场。两人一有时间，就窝在哈斯勒饭店里吹冷气，筹划婚礼事宜。

才二十出头的赫本，事业成功，爱情甜蜜，感到非常快乐和幸福。

然而，随着汉森在片场打转的次数增多，赫本渐渐感到有什么地方不对劲了。

也许，因为汉森早有了婚期看似有期实则无期的忧患意识？早在7月初，他就开始极力游说派拉蒙加快拍片的脚步。虽然此举完全是为了两人的婚事，但赫本还是觉得非常难为情，曾多次试图阻止汉森干预拍片进程。但汉森的态度非常坚决——我要保护你，与好莱坞的势力对抗！不然，我们哪来的时间筹备婚礼？我可不想向外界宣称我们的婚期不得不再一次延期！

7月8日，汉森给《罗马假日》的执行制片人亨利·海格森写了一封信："赫本小姐应该可以在9月24日搭乘伊丽莎白女王号回到纽约。她希望从南安普敦上船，因为她动身之前还有一些事要在英国处理。希望影片能够在9月初杀青。"

遗憾的是，汉森并没有在这封信里明确提出赫本小姐要在英国处理的事是和他举办婚礼。所以，对汉森的要求，派拉蒙一笑了之，并没有加以重视。

事实上，8月初的时候，因为不可避免的延误以及后期制作等问题，影片的完成日期就已经计划延迟到了9月25日。

这样的安排，派拉蒙倒是做到了绝对不会违约，然而，赫本与汉森举行婚礼和度蜜月的时间呢？

8月12日，汉森又给海格森写了一封信，语气相当不客气，要求派拉蒙9月中旬必须放人，让赫本及时在英国举行婚礼，然后再回纽约参加《金粉世界》的巡演。汉森在信中单方面宣布："我们打算在9月21日从罗马动身回伦敦。"

而这，怎么可能！

赫本得知后，和汉森商量，何不直接在纽约结婚呢？

汉森不答应，作为英国及加拿大卡车业巨子的继承人，以他的家族、他的社会地位，怎么可能跑到纽约去草率地结婚！

赫本十分为难。一方面，她非常渴望婚姻，另一方面，作为一个艺人，她觉得自己必须无条件地履行自己的合约义务。因为自己的私事而不信守合约，这不符合赫本为人处世的信条与原则。

赫本说，亲爱的，我不能掌控拍片的时间，但是，举行婚礼的时间，我们是不是可以再商量一下？

不！婚礼已经延期过一次，你当结婚是儿戏？别人会怎么看待我汉森？要不，你干脆别参加《金粉世界》的全美巡演了。为了我，放弃，不行吗？

可是，亲爱的，你应该知道，这次巡演对我而言，真的非常非常重要！我的事业才刚刚开始。我的想法真的有了点变化。现在放弃，真非常可惜。我爱你，可我也爱我的舞台和电影啊！它们能让我的生活更美好。我不想让这些刚刚开始的美好戛然而止，所以，亲爱的，请你给我时间。

然而，在这场相恋以来最大的冲突中，汉森选择了拂袖而去。

为此事着急上火的还有米勒。《金粉世界》全美巡演的时间已经定在了1952年秋天到1953年，不可更改，所以，米勒不断给派拉蒙发信，要求赫本无论如何得在10月1日前赶回纽约。

而派拉蒙此时更加精打细算，将赫本离开罗马的时间敲定在9月30日——若在这一天搭机离开罗马，由于时差，赫本正好可以在10月1日的晚上抵达纽约。

在派拉蒙和赫本处双双碰壁之后，汉森恼羞成怒，8月17日，汉森在伦敦的办公室自行发出一篇新闻稿："英国女星奥黛丽 · 赫本，将在 9 月 30 日与英国及加拿大卡车业家族的詹姆斯 · 汉森缔结鸳盟。赫本小姐目前正在罗马，与格里高利 · 派克拍摄《罗马假日》，她表示婚礼将在英国约克郡赫德斯菲尔的教堂举行。"

汉森此举，委实太过冲动。实际上，他将自己和赫本的婚姻逼向了无路可退的绝境。

05

转身，从此你我各安好

派拉蒙看到汉森拟发的这则新闻后吃了一惊，因为事前派拉蒙对这件事确实一无所知。

派拉蒙立即通知赫本说，如果你不嫌弃，公司愿意将为你设计的戏服、手提包、鞋子、帽子还有人造珠宝等配件送给你作为结婚礼物。

而赫本的吃惊程度，并不亚于派拉蒙。

汉森怎么可以擅自拟发这样的新闻稿！

若是拒绝，极有可能使汉森颜面扫地，两人的关系无疑会出现巨大的裂痕。可是，如果成全了汉森，自己的信誉就会受损，若不管不顾离开《罗马假日》剧组，跑去英国和汉森完婚，将会给剧组带来巨大的损失，这又怎么对得起惠勒、派克还有剧组其他同仁的辛苦付出？还有，以后的婚姻生活中，如果汉森无视自己的感受，野蛮干涉成为婚姻的常态，如果有了婚姻却失去自由……

好友歌蒂丝的那句话再一次在耳边回荡——亲爱的，自由比一切都美好。

赫本不停地问自己：难道这就是你想要的婚姻生活吗？

　　母亲埃拉两段失败的婚姻给赫本的生活埋下了巨大的阴影。和汉森结婚，会不会让自己的子女重蹈当年的覆辙？

　　汉森千好万好，可他性格中的那种霸道与专断，其实正是自己极力抗拒的啊！就在赫本万般为难之际，伦敦的一些八卦报纸登出汉森左搂右抱、频繁出入于伦敦、巴黎等社交场合及夜总会的照片。如果说赫本之前还有些左右摇摆犹豫不定，那这些照片出现后，赫本万念俱灰，反而拿定了主意。

　　真是可笑，曾经自己居然那样自信，以为自己虽然不是汉森"最爱名单"上的第一个，但一定会是最后一个！如今婚期在即，这个花花公子，竟然还在四处猎艳！婚前尚且如此放荡不羁，婚后他又如何给得了我安全感？曾经自己心甘情愿地表示，愿意为了他放弃工作，只做他的妻子和孩子们的母亲！如今看来，要多不值有多不值！

　　如果明知这样的婚姻危机重重，那为什么不及时转身？

　　那么，汉森，再见。

　　一番痛苦的挣扎后，赫本终于宣布终止与汉森的婚约："我们觉得这不是结婚的时机。我的工作时间表要求我在这里拍完电影，然后回到舞台，再去好莱坞；而汉森却要在英国和加拿大管理他的业务，我们很难拥有正常的婚姻生活。"

　　媒体的报道仅止于此。但这其实已经是绝少向媒体披露自己私生活的赫本的一次破例。

　　有时想想，赫本与她在《罗马假日》中饰演的安妮公主，倒是有几分惊人的相似。

　　片头，安妮公主盛装接见欧洲各国显要。仪式进行到一半的时候，巨大的裙裾下面，安妮的脚很不舒服地扭动起来，然后，那只高跟鞋掉了。安妮想尽了一切办法，却没法将鞋子穿回来。

　　那只鞋子，多么像赫本与汉森的这段恋情！

当鞋子成了脚的桎梏与镣铐，那么不如甩开它。

赫本渴望爱情，渴望婚姻，就像安妮渴望一双合脚的、舒适的平跟鞋。

片尾，安妮告别了乔，将恋情深埋心底，孑然一身，回到大使馆，因为"我们必须牺牲个人的幸福，完成职责"。安妮有自己无可推脱的使命。

而 1952 年 9 月 30 日，为了自己深爱的舞台和电影，赫本同样孑然一身，回到纽约，履行自己的职责——参加《金粉世界》的全美巡演。

米勒和其他演员从这个坚强女孩的脸上，没有看到任何婚变带来的情感波澜。甚至大家看到的，是一个神采奕奕，俨然获得重生的奥黛丽·赫本。赫本告诉他们，罗马的工作非常美好，非常让人难忘。不过，她很开心能够回来，和大家一起参加《金粉世界》的全美巡演。

而关于她那个迷人的未婚夫为何从此消失得无影无踪，赫本只字未提。

汉森，叹你我终是无缘，唯愿从此后，各自安好。

第十二章 梅尔，此生不见

01

初识，己未嫁而君有妇

1953 年 6 月，赫本回到伦敦，参加《罗马假日》在英国的首映式。

埃拉虽然一如既往地面色淡淡，但内心的高兴是掩盖不住的。为此，埃拉在自己的居所举行了好几次宴会，盛情款待惠勒、派克还有赫本在派拉蒙的同仁。

7 月 23 日的招待会上，梅尔·费勒出现了。派克介绍说，他带来的这位朋友，是美国演员、导演兼作家。随派克一同前来的还有摄影师、设计师和传记作家塞西尔·比顿。

见到赫本之前，梅尔已从派克口中得知，赫本是一颗"最亮眼的星星"。能被派克如此盛赞的，会是一个怎样的女孩？

梅尔对和赫本的见面，充满了期待。

果然，那日一见，梅尔顿坠情海。

比顿对那天的赫本进行过这样的描述："大嘴、平脸、眼睛化浓妆、椰子式的发型、未涂蔻丹的长指甲、柔软的身材、长颈，但可能太纤瘦。她的影片大卖座，对这位可人儿却似乎没有多少影响；对于种种奉承，她只当作是一种调味品；只有表达感激，没有倨傲的态度……在电光石火的瞬间，我发现了她精灵般的魅力，她有一种如流浪儿的气质，让人强烈同情。"

比顿立刻为之倾倒，决定与赫本合作。

比顿所见，即梅尔所见。而与比顿不同的是，梅尔一头陷入了赫本的魅力中不能自拔。我爱上她了吗？是的，我爱上她了！

而赫本，同样感觉到了来自梅尔的一种非常强烈的吸引力。

梅尔身高一米八八，身材修长，举止优雅，谈吐不凡。他有着非常不错的家庭背景，父亲是纽约知名外科医生，哥哥、姐妹或继承父业从医，或担任媒体编辑，都不是等闲之辈。梅尔的母亲则是当地的社交名媛。

梅尔本人，也是个多才多艺的优质男。他编过报纸，出版过书，还在电台音乐节目担任过主持人，均干得有声有色。作为演员，梅尔曾在米高梅的电影《莉莉》中担任过主演，而此片极为卖座。此外，梅尔还当过导演，不过略显遗憾的是，梅尔执导过的几部片子均票房惨淡。

这样的男人，在情感和婚姻上，从一而终的可能性微乎其微。

所以，与赫本初识时的梅尔，已是有妇之夫。而且，是个已经有过三次婚姻的有妇之夫。

二十岁时，梅尔与雕刻家弗朗西斯·皮尔查结婚，生有两子。

与皮尔查离婚后，梅尔娶芭芭拉·崔普为妻，也生有两子。

再次离婚后，梅尔又娶了皮尔查。按说，一个在婚姻中选择吃回头草的男人，是应该下足将回头草一吃到老的狠心的。

可是，谁让梅尔遇到了赫本呢？

从见到赫本的第一眼起，梅尔就再也不愿意与赫本分开了。

可是，皮尔查怎么办？

梅尔思忖再三，选择对皮尔查坦诚相告。梅尔将自己遇到赫本以及自己对以后生活的规划一一如实告知了皮尔查。

皮尔查很大度，再次与梅尔离婚。

人们以关心赫本的婚姻来表达自己对这个天使一般的女孩的喜爱——

那个经常陪她出席各项活动的男青年梅尔会是她的结婚对象吗？

赫本的回答坚决却又模糊："我现在还不能结婚。婚姻是全职工作，需要比表演更多的才华。我不可能两者兼顾，又都有良好的表现。我已经学着不要婚姻。"赫本表态说，她永远不会成为费勒太太。是的，当时赫本就是这么想的。梅尔他是有妇之夫啊！

可是，爱情是一个不讲理的东西，它总能战胜赫本仅存的理智。

两人一有时间就腻在一起。

埃拉冷眼旁观，忧心忡忡。她似乎看到了1926年的罗斯顿和自己。上帝啊，多么惊人的相似啊！

埃拉提醒赫本：可不可以重新考虑汉森？汉森至少没有妻子这个麻烦！

赫本何尝不忧心？虽然两人如胶似漆，但其实，她根本不能确定自己和梅尔会有什么样的发展，梅尔从没给过她任何承诺。

所以，当梅尔离开赫本去意大利拍片，当赫本在《龙凤配》中遇到荷顿，请原谅，赫本还会经历一场与荷顿的情劫。

还好，1953年11月底，梅尔恰到好处地冒了出来。他一手拿着离婚协议书，一手拿着剧本《翁蒂娜》。

梅尔向赫本张开怀抱——

你应该选择比《金粉世界》更诗意的角色，比科莱特更神秘的作家。

嫁给我。我们也可以成为舞台剧界的知名夫妻档。就像阿尔弗雷德 · 伦特与林恩 · 芳丹，还有劳伦斯 · 奥利佛与费雯 · 丽……

赫本几乎没做任何迟疑，当即决定，告别荷顿，告别与《龙凤配》有关的种种不愉快记忆。

赫本答应与梅尔同台演出。

这个"同台"，不仅指《翁蒂娜》的戏剧小舞台，还有人生与婚姻的大舞台。

02

难忍，光华被甩一万里

1954 年 1 月初，赫本与梅尔抵达纽约，在 46 街剧院，开始了《翁蒂娜》一剧的排演。

虽然正处于如胶似漆的热恋期，但为了符合当时的礼教，两人不得不在葛罕旅馆内分房而居。

《翁蒂娜》改编自季洛杜的剧本。说的是水中精灵翁蒂娜来到人间，爱上了骑士汉斯。她警告汉斯，一定要对她足够好，否则只要她移情别恋，汉斯就会死去。但汉斯还是准备迎娶另一个女孩。翁蒂娜伤心地离去，却又难以割舍对汉斯的爱恋，爱恨交加中，翁蒂娜假装自己移情别恋，汉斯果然死去。剧终，翁蒂娜忘却了这一段痛苦的人间记忆，回到了大海深处。

执导此剧的是舞台剧泰斗阿尔弗雷德·伦特，妻子林恩·芳丹做他的助手。伦特夫妇曾携手演出过不下二十部古典和现代名剧。1939 年，季洛杜曾专程来美国请伦特夫妇出演翁蒂娜和汉斯，但伦特夫妇感觉自己的年龄较之角色而言大了许多，缺乏说服力，所以婉言谢绝。如今夫妇二人终于有机会参与《翁蒂娜》的制作，自然非常开心。

赫本出演翁蒂娜乃是众望所归。正如制作人罗伯 · 雪伍德所言："我认为赫本绝对是翁蒂娜的理想人选，她学过芭蕾，这点很重要，因为全剧有芭蕾的味道。"但对由梅尔出演汉斯，大家却感到信心不足。可是，剧本是梅尔拿给赫本的，也是梅尔说服赫本与之同台演出的，所以，只要赫本出演翁蒂娜，就不得不让梅尔饰演汉斯。

芳丹与赫本很是投缘，将自己丰富的舞台经验悉心传授给赫本，很快成为赫本的教练与朋友。可是不知为何，梅尔却非常不喜欢芳丹，甚至公开反对芳丹在排练现场出现。

更过分的是，梅尔还抱怨伦特太老，认为伦特不适合担任此剧的导演。他曾公开嘲笑伦特的指令，和伦特谈话时甚至只听到一半就背过身去，当众给伦特难堪。

更令人匪夷所思的是，波士顿公演前夕，梅尔甚至威胁伦特，说要带赫本一起退出演出。

一边是自己深爱的男人，一边是自己敬重的伦特夫妇，赫本左右为难。后来赫本找到雪伍德，雪伍德在梅尔和伦特之间巧加周旋，才总算解决了这个难题。

很显然，梅尔的种种做派，旨在向众人表明，剧本是他给赫本的，也只有他能对赫本进行指导。别人有什么权力对着他们指手画脚？

不过，在同剧演员玛丽安 · 萨德丝的眼中，梅尔此举，其实都是虚张声势，对自己欠缺信心的表现。

有一个事实无法否认，那就是，赫本的光华已经远远压过了梅尔。

看看《翁蒂娜》在纽约首演之后的剧评吧。

《纽约时报》："每个人都知道赫本小姐很年轻，但没有人怀疑她的表演天分。她的表现优雅迷人，对舞台有天生的本能。她的动作自然流畅、敏捷灵活，优雅地诠释了翁蒂娜在人类世界中的考验。再也没有比赫本的演出更明白、更让人击节赞赏的了。"

《纽约客》："赫本小姐才华横溢，举手投足都散发出无比的魅力，最虚无的笑话因为有了更深一层的内涵而欢欣鼓舞；最平淡的动作变成精彩表演的灵感。"

而梅尔得到的评论呢？有一影评人写道："他的演出欠缺吸引力，不够生动，可以说完全缺乏风格和想象力，而且本剧其他部分如此精彩，因此他的表演更成为败笔。"著名导演麦可·鲍威尔在看完此剧后给出的评价更加尖刻："完全不像 1939 年《翁蒂娜》在巴黎首演时饰演汉斯的路易·儒韦那般有魅力。儒韦停顿，大家都停顿；而梅尔停顿，大家根本就熄火。支撑此剧的人，完全是奥黛丽。虽然她在那个大舞台上声音很小。"

而作为此剧的导演，伦特悲哀地看到，当翁蒂娜跃上汉斯的膝头，汉斯竟像木头一样地抱着她！这是观众热切盼望看到的爱情戏吗？伦特写信给雪伍德说，我个人觉得，这出剧烂透了。

在萨德丝眼里，梅尔的表演也非常可笑，比如，在最严肃的时刻，他却拿着道具学谐星搞笑。萨德丝百思不得其解，如果梅尔不能认真演出这部诗意的童话故事，为什么要参加呢？

种种事实证明，启用梅尔饰演汉斯，代价确实太大了。

演出过程中，梅尔总是抢别人的戏，甚至包括赫本的。更过分的是，梅尔不允许赫本根据导演的安排单独谢幕，坚持一定要由他牵着她的手一起出现。

直到 3 月 25 日，赫本以《罗马假日》安妮一角获得奥斯卡最佳女主角奖，三天后，赫本又因百老汇的演出获颁东尼奖，梅尔方做出让步，赫本终于得以单独谢幕。

不让步行吗？赫本的光华，已经甩出他梅尔一万里！

然而，盛名之下，赫本却身心俱疲。此时的赫本才二十五岁，就已经拿下多少人要用几十年才能获得的奖项，以后，如何才能一直保持巅峰状态？如何才能使自己的每一部作品都得到观众的认可？赫本的压力之大，可想而知。

赫本烟瘾大增，每天甚至要抽掉两三包烟。医生建议她去瑞士休养。赫本自觉《翁蒂娜》的表演让她心力交瘁，于是宣布此生再不演舞台剧。

压力还有一部分来自梅尔的求婚。赫本显然还没有做好成为费勒太太的准备，她对记者说："婚姻就像签长期合约，除非知道自己内心最深处的想法，否则不能答应任何人。我还在探索自己……很多事不清楚，但我会了解的。我还不想被圈在任何地方，或被绑在任何人身上。"

而母亲埃拉与好友鲁思、奈丝比特也都反对她嫁给梅尔。

然而，不管梅尔在《翁蒂娜》中的表现有多么糟糕，她还是爱他，全心全意地爱着他。不少人都不能理解梅尔如何燃起了她的热情，只知道，她就是爱他，爱得如火如荼。

1954 年 7 月，在埃拉和梅尔的陪同下，赫本到瑞士休养。

是的，她的健康出现了问题，正承受着精神崩溃的折磨。她沮丧、忧郁，有时一睡就是整天整夜，然后又整天整夜地睡不着。会大吃一顿，然后一连几天又毫无食欲。她无法控制地咬指甲，不断地抽烟，没有任何原因地突然哭泣。

埃拉的关心照例隐藏在不满与斥责中："我们都已经经历了战争，还有什么可忧郁的？为什么不趁着清晨空气凉爽出去走走？"

而最应该在此时给予赫本慰藉的梅尔，却仍然不断地给赫本加压。只要去意大利，必然会带回一堆剧本让赫本看，也许他认为，要治愈赫本，只有一个办法，就是让赫本重新开始工作。

9 月，《龙凤配》上映，此时的赫本身体状态已有好转。但是，她没有参加宣传活动。

赫本缺席的原因是，这一年的 9 月 24 日，她和梅尔在瑞士琉森湖湖畔举行了婚礼。9 月 25 日的清教徒仪式上，赫本身穿纪梵希设计的婚礼服，高圆领白色裙装，拿一束简单的白色花束。

一脸幸福的模样。

次年 3 月，赫本获知自己怀孕，开心至极。然而，数周之后，意外流产。

赫本一直希望自己能早点当上母亲，这次流产对她的打击之重，可想而知。

03

爱你，但我不愿做傀儡

1955 年，美国导演金 · 维多和两位意大利制片人庞帝、德 · 罗伦堤斯筹拍《战争与和平》，邀梅尔饰演安德烈王子——这样，赫本就可以接拍女主角娜塔莎了。

有人请梅尔拍片，赫本非常开心。至于她自己，则把事业摆在第二位。如果可以，她愿意只做梅尔的贤妻，若是上帝能给她做良母的机会，那就是莫大的幸福了。

而梅尔是有野心的，他不甘心自己只是"赫本的丈夫"，他要打出一片天下证明自身的价值。

赫本对宣传活动并不热衷，非常不愿意接受采访或拍照。可是，梅尔渴望也需要赫本参加更多的宣传活动。

作为赫本的公关，罗杰斯有机会近距离观察到赫本的婚姻和感情生活。他发现，他们并不幸福。赫本爱梅尔明显要多于梅尔对她的爱。赫本常常因为自己的爱得不到回报而感到沮丧。赫本就像是梅尔的傀儡，不得不忍受着梅尔的操纵。

虽然赫本从未有过抱怨，但她眼里的忧伤逃不过罗杰斯的眼睛。

《战争与和平》的拍摄过程，则又是一场让赫本心力交瘁的体验。

托尔斯泰的这一巨著，要拍成电影实非易事。五十多个角色要一一选定，临时演员就需要一万五千名之多！参加赶制戏服的裁缝多达九十个，还要准备八千多匹马，二千八百七十六管大炮……

不过，这些都不是问题。最大的问题是，到了开拍的那一天，还没有剧本！两位制片人将托尔斯泰长达一千四百页的小说分拆给不同的罗马作家，让他们分头编剧，三周内交稿，最后再集大成。可想而知，收到的总共五百零六页的作品质量不一，角色的发展难以衔接，也没有统一的角度与观点。维多一见剧本，差点晕倒。火速找人另起炉灶。

派拉蒙担心六百万的投资泡汤，竟然签字同意开拍。

从 7 月到 11 月，每天十小时繁重的工作，委实让人筋疲力尽。更重要的是，赫本深感在这部影片中，自己几乎没有什么发挥空间，忧虑自己的演技无法突破。但只要出现在剧组，她就会表现得从容而镇定，因为她深知，所有的人，都需要她的鼓励。

虽然维多非常努力，想呈现给观众一个史诗般的巨作，但长达三个半小时的电影，呈现给观众的，仍旧只有空洞的场面。

一位资深影评人非常惋惜地评价赫本说，她不是天真地傻笑，就是天真地流泪。

梅尔的表现用维多的话来说，他一点表情都没有，不仅念起台词来平淡乏味，而且穿着古装戏服有说不出的别扭。

不过，没关系，梅尔有的是从头再来的雄心，拍完《战争与和平》之后，立即劲头十足地参加到《多情公主》一片的演出中。

而赫本则在 1956 年 2 月前往洛杉矶参与《甜姐儿》一片的拍摄。

拍摄时，因为梅尔不在场，赫本展现出少见的坚强与决断，对每场戏都有自己的主见。导演史丹利·多南非常高兴，那个活泼的、精灵一般的赫本又回来了!

这年,赫本二十七岁,而男主角阿斯泰尔已经五十七岁。不过,年龄不是问题。这位舞王在片中以神妙舞步轻松自如地满室飞奔,仿佛不受地心引力的限制。他在银幕上漫步、跳跃、踢踏,跳出不可思议的舞步。而赫本在巴黎餐厅身穿黑色毛衣和紧身裤跳出的复杂而又精妙的舞步,同样让人击节赞叹。

尽管银幕后的阿斯泰尔也拥有鲍嘉那样的坏脾气,不是那么乐意与比他年轻许多的赫本合作,但是,这些可以略过。当阿斯泰尔和赫本在香堤岛中的森林里顺流而下,一片苍茫中飞出雪白的鸽子和天鹅时,这部好莱坞制造出的甜姐儿童话,画上了圆满的句号。

此后,赫本回瑞士与梅尔度假,几周后,梅尔到西班牙和法国拍片,赫本则与怀尔德再次合作,与大明星库珀一起拍摄《黄昏之恋》。不过,此片反响平平。一是剧本本身的原因,二是这次与赫本演对手戏的,又是一个年龄足以做她父亲的库珀。所以,不仅约会拍得乏味无趣,就连赫本饰演的清纯女学生也缺乏可信度——一个如此漂亮的妙龄女孩,为何只爱大提琴而不想谈恋爱?又为何会被一个始乱终弃的大色狼吸引?还有,父亲只是一个私家侦探、自己又没有工作的女孩,何以会穿着纪梵希设计的华服?

这一年,马不停蹄地拍片,赫本身心俱疲。

她告诉梅尔,她想休长假。

04

肖恩，维系婚姻的纽带

赫本与梅尔最后一次同台演出是在 1957 年安那多 · 利瓦伊克执导的《魂断梅耶林》中。赫本饰演女主角玛丽，片酬十五万美元，梅尔饰演男主角鲁道夫，片酬十万美元。

原本，利瓦伊克认为由影坛夫妻档来饰演男女主角，会使这部取材于 1889 年奥地利王储与男爵之女玛丽因爱殉情的悲剧故事更有说服力和可信度。然而，赫本与梅尔在片中的表现，让人明显感觉到两人之间似乎冷淡得出奇，有一种莫名的距离感——梅尔举止生硬，欠缺热情；赫本礼貌而机械化，太过冷静，并没有爱到非得殉情不可的地步。

之后一年，赫本没有拍片，避开媒体，婉拒所有访问。赫本需要好好规划自己的未来。她要等待机会，突破自己。还有，她希望自己能够怀上一个宝宝，来修补她和梅尔之间已经出现裂痕的婚姻。

虽然两人已经貌合神离，但是，梅尔离不开赫本，他需要赫本专业的合作。比如，1958 年 7 月，梅尔要在洛杉矶执导《翠谷香魂》，该剧描述的是政治难民艾伯在南美雨林中邂逅神秘少女莉玛，两人相爱。莉玛能与大自然神秘地沟通，最后却死在一群野蛮人手上。梅尔觉得赫本清新与天真的形象非常适合这个故事,要求赫本饰演女主角。而赫本呢,坦言"我变得非常依赖梅尔的品位和指导",她仍然爱他,希望自己的爱能够得到回应。

然而,这部唯一由梅尔导演、赫本主演的电影,无论是从影评还是票房来说,都是一部失败之作。剧本晦涩,对话乏味,演员们根本没有远赴南美而是直接在米高梅位于加州卡尔弗市的制片厂拍摄,片中的热带丛林一点也不迷人。更要命的是,男女主角缺乏默契,就连吻戏都给人冷若冰霜之感。

1958 年年底,已经接近三十岁的赫本终于再次怀孕,然而,可能因为拍摄《恩怨情天》时骑马被摔,娩出的竟是一个死胎!

还好,四个月后,赫本再次怀孕。1960 年 7 月 17 日,赫本终于诞下了自己的第一个宝贝,取名为肖恩 · 赫本 · 费勒。

肖恩,亲爱的宝贝,你会成为维系妈妈与爸爸婚姻的纽带吗?

初为人母,赫本几乎一刻都不愿意离开肖恩。但在梅尔的极力游说下,还是参与了《蒂凡尼的早餐》的拍摄,并因此获得奥斯卡提名。

而此时的梅尔,愈加敏感多疑。妻子的光芒胜过自己的滋味确实很不好受。尤其是制片人来电说想和他谈某部片子而真实的意图却是以他为诱饵以钓出赫本之时。

赫本如此光芒四射,而他却只能在一些次要的欧洲惊悚片或次级的古装片中演出。

梅尔失落、苦闷。

不久,狗仔队偷拍到梅尔和他的短期合作女星出双入对。

肖恩的到来,并未缓和两个人紧张的关系。赫本长期焦虑,身体瘦削不堪。

也许,紧张的工作能缓解婚姻中的疼痛?那就拍片吧。

1962年7月，赫本与曾热恋过的荷顿再次合作，拍摄《巴黎假期》。

1962年10月，赫本在浪漫惊悚剧《谜中谜》中与加里·格兰特搭戏，饰演女主角雷吉娜·兰伯特。男女主角演技精湛，《谜中谜》好评如潮。

1963年，赫本主演《窈窕淑女》中的卖花女伊莱莎。虽因歌声被专业歌手取代而错失获颁奥斯卡小金人的机会，但赫本的演技，堪称炉火纯青。

拍完《窈窕淑女》，赫本发现，她的婚姻已经无可救药。

尽管如此，赫本还是不打算离婚。她不能让肖恩小小年纪就没有父亲的疼爱。

05

康复，婚姻是一场疾病

1965 年，赫本在距离日内瓦机场半小时车程的穆尔日买下一座有二百年历史的农场，取名为"和平之邸"。

这年，赫本在巴黎拍摄了她的第五部影片《偷龙转凤》，赫本饰演一位制作赝品以假冒真捞钱的艺术家的女儿。男主角是小赫本三岁的彼得·奥图尔。该片虽然剧情荒诞不经，但拍得非常动人，十分叫座。

拍片期间，梅尔到巴黎探班。不久，赫本发现自己怀孕了。可惜，回和平之邸欢度圣诞之后不久，赫本再度流产。

赫本非常难过。写信给父亲罗斯顿，说自己离"完全崩溃"仅一线之隔，"还有这么多考验，我祈求上帝赐予我力量与勇气"。

三个多月后，赫本告诉父亲，她好多了，每天散步、游泳、按摩，不再哀伤。

然而，真正的考验，在后面。

1967 年，赫本接拍梅尔的《盲女惊魂记》。

为了演好片中的盲女，赫本去盲人学校见习，学习点字法，强迫自己双眼迷蒙地看人，蒙住眼睛在室内走动，不看号码盘拨电话，不看镜子化妆……

　　然而，梅尔却无视了赫本为演好盲女的角色付出的种种心血，要求赫本戴上乳白色或淡色的隐形眼镜，说这样会更逼真。赫本觉得根本没有必要，但梅尔一意孤行，甚至找来杰克·华纳和其他几个同事给赫本施加压力。拍摄过程中，梅尔似乎忘却了自己只是一个制片人，对赫本指手画脚，理所当然地扮演着赫本的经纪人、经理甚至是导演的角色。

　　唯一让赫本高兴的是，此片的导演是阔别多年的泰伦斯·杨! 杨参加过安恒之役，1945 年，赫本曾在荷兰一家诊所里照料过当时受伤住院的杨，并结下了一段友谊。如今，杨已是杰出的商业片导演，刚拍完两部 007 电影《诺博士》和《来自俄罗斯的爱》。

　　对梅尔，赫本再一次选择了屈服。她将内心的不快尽力克制住，无论是曲折的内心戏还是复杂的肢体动作，赫本都动作流畅、毫不做作，表现一流。因为此片，赫本又一次获得了奥斯卡奖的提名。

　　拍完《盲女惊魂记》，赫本决定效法与自己同龄的演员格蕾丝·凯利，息影，做一个全职妈妈。二十六岁那年，凯利决定退出影坛，安心扮演妻子和母亲的角色。赫本非常欣赏凯利的这一决定——奥斯卡影后不过是一种虚幻的头衔，哪有摩纳哥王妃这一角色来得真实?

　　从此，赫本息影八年。

　　可以想象，梅尔对赫本的这一决定是多么恼火，两人之间的各种冷漠、各种紧张无须赘言。1967 年夏天，赫本与梅尔正式分居，赫本递状离婚。1968 年，这段婚姻终于落下了帷幕。

　　即使是在最糟糕的情况下，赫本也从没说过梅尔的坏话。她一直希望能在公众面前呈现出姻缘美好的形象，她在这桩婚姻上投注了不切实际的幻想，甚至，1965 年的时候，她依旧愿意为梅尔再生个孩子。

回顾自己与梅尔的婚姻，赫本说："如同疾病。我完全复原了——现在的我自由而平静。"

对爱的期望太高，又未能得到想要的回报，离婚，也许才是疗伤的最好选择。

1969 年，赫本再婚。两年后，梅尔也开始了他的第五次婚姻。

从此，除了肖恩的毕业典礼和婚礼外，赫本与梅尔再未有过联络。

最后一次见面，是在数十年之后——赫本弥留之际，梅尔赶到和平之邸送别她。

不过，昏迷之中的赫本，并不知道梅尔来过。

第十三章 多蒂，不是天使

01

闪婚，姐弟恋终成正果

1968 年，当梅尔的身影终于从和平之邸消失，赫本如释重负。再也不用在梅尔的安排左右下接拍电影，再也不用疲于应付媒体的访问追逐，终于可以安享做母亲的美好，过上一直梦寐以求的平静生活。赫本相信，自己终于呼吸到了自由的空气。

然而，这样的欢喜并未持续太久。其实不奇怪，某种东西，在没得到之前，千盼万盼，千好万好，但等到自己历尽艰辛终于能拥有它，你却发现，所谓美好，不过尔尔。

譬如此时的赫本，就品尝到了失落与寂寞的滋味，它们总是在清晨、黄昏、夜晚不期而至。多年来，作为奥斯卡影后、时尚领袖、世界名流，赫本一直是世人目光追逐的焦点。如今，随着自己的息影与婚变，导演、制片人、摄影师杳然不见，圈内的喧嚣渐行渐远，赫本感觉自己恰若从闹市回到了孤岛。从前，镁光灯下，万人瞩目。如今，自己退到了再无灯光追逐的被人遗忘的后台，从此灯下演绎着的，是属于别人的精彩。虽然这样的生活是自己的选择，理应无悔，但是面对这种巨大的反差，赫本还是怅然若失。

毕竟，这一年，她才三十九岁，正处于一个女人的最好年华。赫本还无法真正像一个隐士一样，躲在和平之邸，与外面的热闹世界老死不相往来。

曾经的忧郁，再次猝不及防地袭击了赫本。她抽更多的烟，体重急剧下降到三十六千克。也许只有知己纪梵希才知道，那是一段怎样难过而悲惨的日子。

赫本又一次濒临崩溃。

肖恩固然是自己生活的重心，但他不应该成为自己生活的全部。余生若只有肖恩相伴，将来肖恩离开自己去读书，去恋爱，去结婚，去为自己的事业打拼，到那时，谁伴自己度过茫茫长夜与漫漫人生？

因此，自己应该走出和平之邸，去结识新的朋友。也许，新的爱情就在前面不远处等着我。意识到这一点之后，赫本经常利用周末或学校放假的机会带肖恩出去玩。

意大利是赫本经常去的地方。从前在意大利拍片时结识了不少朋友，有的一直有往来，去意大利可以不必住在饭店，而是住在这些朋友的家里。

对赫本的朋友罗瓦塔莉伯爵夫人来说，能在自己家里招待赫本，是一件很让人骄傲的赏心乐事。她为赫本安排了豪华宴席，陪赫本参加运动赛事和海滨郊游，热情地把赫本介绍给大家认识。

这位热心的红娘先后介绍了斗牛士安东尼 · 奥多尼兹、艾方索亲王、马里诺 · 托洛尼亚王子等与赫本约会，但是很遗憾，虽然他们的条件都相当不错，奈何赫本对他们无感。

一切爱情，都是天意。不然，就连赫本自己恐怕也无法解释何以会与小自己十岁的安德烈 · 多蒂擦出火花。

那是 1968 年 6 月。在朋友奥林匹娅公主的安排下，赫本登上了奥林匹娅的游艇，开启希腊巡游之旅。此行，奥林匹娅公主准备将赫本介绍给她的银行家哥哥。未料有心栽花花不开，无心插柳柳成荫，就在这次旅行中，赫本与多蒂一见钟情——也许自己等待的，就是眼前这个身高一米七三、长着一张英俊娃娃脸和一头浅棕色头发的大男孩？

赫本一头扎进了一场并不被别人看好的姐弟恋之中。

赫本兴高采烈地与好友纪梵希分享她的幸福："我又恋爱了，非常快乐。我不敢相信这样的事会发生在我身上，原本我几乎已经放弃了。"

多蒂何许人也？何以会对赫本产生如此大的吸引力？

多蒂出生于那不勒斯，是一位颇有名望的心理医生，同时还在罗马大学任教。

从前，多蒂就是赫本的影迷。这次能在奥林匹娅的游艇上与赫本近距离接触，多蒂自然不肯放过攀识赫本的机会。

游艇之上，多蒂将他的心理医生专长发挥到了极致，博得原本神色忧郁的美人开怀大笑。

奥林匹娅的游艇，成了多蒂追求赫本的"爱之船"。

希腊巡游后，两人又在罗马约会过几次，感情迅速升温。赫本邀请多蒂去和平之邸与肖恩相见。赫本很开心——一大一小两个男孩相处得不错！

平安夜那日，多蒂拿出宝格丽钻戒，单膝跪下，向赫本求婚。赫本丝毫没有犹豫，当即答应。

1969 年 1 月 5 日，赫本身穿纪梵希为她设计的垂领搭配同色软绸头巾的粉红色短连衣裙，在和平之邸附近的穆尔日市政厅举行了婚礼。

赫本的朋友们都觉得这一切来得太快。要知道，这场婚礼距离她签完与梅尔的离婚文件只有六周的时间啊！会不会有些轻率？

不过，赫本对自己的选择信心十足："我嫁给了一个文化无限深厚、说话无限迷人的男人。"

而多蒂能够娶到赫本这样一位赫赫有名的国际巨星为妻，也是心花怒放。

02

失落，婚姻是一场博弈

多蒂的母亲，多曼妮可·多蒂伯爵夫人，仅比赫本大十四岁。伯爵夫人尊重儿子的选择，也挺喜欢赫本，不仅将赫本介绍给整个多蒂家族，而且还教给赫本一些意大利烹调的秘诀。

伯爵夫人称多蒂为"化身博士"，她告诉赫本，多蒂有两种性格，一方面认真、严肃，工作起来可能会废寝忘食；另一方面又活泼、诙谐，贪玩起来可能会忘乎所以。不过，伯爵夫人认为，热衷于社交与郊游并不是什么坏事，就是该趁着年轻尽情地玩！而且，玩就要玩得漂亮，否则等到老了，玩不动了，活着还有什么意思？

伯爵夫人的弦外之音，赫本自然听懂了。

毕竟，嫁给一个小自己十岁的大男孩，是要做好思想准备的。

不过，第一段婚姻，梅尔大自己十二岁，那又怎么样呢？自己想从梅尔身上找寻父亲的影子，结果渴望被爱却变成了被操纵，变成了压抑与窒息。既然被爱不成，那就好好地爱多蒂吧，全心全意地爱他，包括接受并包容他的种种"爱玩"。

唯愿能与多蒂白头到老。

新婚时，多蒂的表现确实不错。他对记者说，会好好地爱肖恩，会和肖恩住在一起，会做肖恩的玩伴，像一个爸爸那样去教肖恩好多不会的东西。

赫本无比欣慰。当年罗斯顿离家出走，导致自己童年时期就失去了父爱，那种痛苦与不安全感自己深有体会。如今，多蒂能对肖恩视若己出，肖恩能在多蒂的疼爱下健健康康成长，自己又夫复何求？

那是一段幸福的时光。

伯爵夫人愿意提供家里的两层楼给赫本和多蒂住，他们婉拒了，而是选择了可以俯瞰罗马风光的顶层豪华公寓。每天，赫本送肖恩去罗马说法语的学校学习，下午再去接肖恩回来。多蒂呢，和过去一样快活。不同的是，头上多了一道娶了个名人老婆的炫目光环。

如果说那段日子有什么缺憾的话，那就是居所附近，甚至肖恩的学校门口，狗仔们如影随形无处不在。

赫本很讨厌媒体过多地介入自己的生活，然而多蒂却觉得非常好玩。多有面子啊！他不但对盯梢的狗仔毫无驱赶之意，而且非常乐意接受媒体的访问，甚至还代赫本表态说她肯定会回去拍电影。作为赫本的丈夫，自己肯定会支持赫本重返影坛，因为赫本是伟大的演员，不让赫本做她喜欢的事简直就是在犯罪。

多蒂的任性与越俎代庖令赫本很不开心——她从十二岁一直工作到三十八岁，非常享受早上可以赖床，能全天候陪伴孩子成长的日子，为什么现在要一脚踏进自己拒绝的生活？

1969 年 6 月，赫本发现自己怀孕了。

赫本如获至宝。为了避开狗仔的滋扰，赫本决定，周末、节假日带着肖恩回和平之邸。

一开始，多蒂也乐得陪同他们去和平之邸。后来，多蒂就去得少了，因为他有工作在身。不过，多蒂有时周末也留在罗马，这个"化身博士"，离不开罗马的社交圈。

这年赫本已经年过四十，属于高龄孕妇，加之之前有过几次流产的经历，所以，怀孕最后十周，赫本就不再在瑞士和罗马两地奔波，而是乖乖地待在和平之邸卧床休息，等待孩子的诞生。

1970 年 2 月 8 日，赫本在洛桑剖腹产下次子卢卡。

赫本带着孩子待在瑞士，而多蒂却在罗马逍遥。

从前，多蒂就是个徜徉于各种各样女人身边的钻石王老五，如今，赫本远在瑞士，多蒂故态重萌，身边的女人走马灯似的，或有钱，或有名，或有美貌。赫本是不能指望力主子女趁年轻好好玩的意大利婆婆去规劝与管束多蒂的，所以，在和平之邸勉强待了三个月，她就带着肖恩和卢卡回到了多蒂身边。

偶尔经纪人会给赫本送来剧本。但赫本只是看看，然后原物奉还。

她不想回去拍电影。太累了。

如今，没有财务危机，没有心理压力，生活上有用人打理，不必工作，可以悉心照料两个孩子，陪在多蒂身边，赫本对眼前的生活心满意足——如果多蒂能够不那样花心的话。

不过，婚姻本来就是一场博弈与豪赌。谁又能保证自己的婚姻就幸福得毫无瑕疵呢?

03

复出，只因爱你足够多

知子莫若母，伯爵夫人说得没错，多蒂是个热衷于社交的人。没有了莺歌燕舞、香槟美酒，这样的生活还有何趣味？

多蒂非常喜欢在位于罗马闹市区的豪华公寓里招待他的同事和朋友，他要给他们引见他的名流妻子。

这样的社交晚宴在赫本看来，不仅无聊，更重要的是会占据自己和孩子宝贵的相处时间，一两次尚可忍受，日久不免心生厌烦。

赫本对多蒂的虚荣不以为然，她以为，多蒂懂。然而，问题就出在这儿。肖恩曾对母亲与多蒂的婚姻做过客观的评价："她没有在需要时说出心声让对方知道。"

可想而知，在多蒂安排的这些社交活动中，赫本勉力而为、强颜欢笑，而多蒂则心怀不满，多有怨言。

几年之后，赫本终于找到合适的机会，说服了多蒂，将闹市区的豪华公寓卖了，一家人另择一幽静所在居住。新居周围有美丽的公园，还有森森林木，风景宜人。虽然房子没有原来那么大，但有着闹市区没有的安静。

远离市嚣，陪着孩子们慢慢长大，这才是赫本多年来一直向往的生活。

当然，赫本并非完全遗世独立。当赫本的朋友们来到罗马时，她还是非常乐意接待的。派克夫妇、惠勒夫妇、辛尼曼夫妇、凯特和路等，都是赫本愿意盛情款待的客人。

赫本感到生活很充实。为了孩子，她拒绝拍片。她有那么多事要做！早上，喊肖恩和卢卡起床，照顾他吃早饭，接送他们上学，陪他们玩，给他们讲故事，带他们看电影、拜访朋友……

"我担心自己在电影中无可表达。因为我在家里已经太充实了。"

不过，在这期间，赫本接拍过一个广告。为东京假发商 Exlan 拍摄四部一分钟的广告，工作了半天，收入百万美元。这是她息影八年来唯一一次收取片酬出现在镜头前。

不过，生活总是充满了变数。

1974 年，罗马政局动荡，仿佛就在一夕之间，罗马的街头暴力猖獗，"赤军旅"四处活动。不少罗马的富有家庭或是有政治地位的家庭成了被偷窃、抢劫和攻击的对象，就连这些家庭的子女，人身安全也得不到保障，经常会遭到绑架勒索。

就在赫本整日为肖恩和卢卡胆战心惊之际，多蒂竟然就在自己的诊所附近被歹徒持枪绑架！幸而附近就有警察，这才逃过一劫。

雇用保镖随行并非长久之计。赫本忧心忡忡，如今的罗马和战时的荷兰有着太多的相似。怎能让肖恩和卢卡在这样糟糕的环境下长大？

肖恩已经十四岁，可以将他送到瑞士去住校，可是，卢卡才四岁，还太小，怎么办？夫妇二人一合计，做出了决定，由赫本带着孩子，回瑞士！

至于多蒂，周末与节假日在罗马和瑞士之间往返便是了。于多蒂而言，妻子孩子不在身边的伪单身生活，虽然难免有些牵肠挂肚，却也同时有着一种重获自由的舒畅。

就在这年夏天，埃拉从旧金山来到瑞士与赫本同住。此时的埃拉已是七十四岁高龄。过去的十年时间里，埃拉一直待在旧金山，协助训练越战老兵转业。如今来到和平之邸，也不肯闲着，一心要为赫本充当管家的角色。然而，母女关系，仍然如昔。亲密却又生分。

不过，好强了一辈子的女爵，终究敌不过疾病的困扰。接下来的十年时间，埃拉基本只能卧病于床，直到离世。

对眼前种种，赫本心满意足——有足够的钱可以花，儿子健康懂事有教养，丈夫是有贵族头衔的名医与大学教授……

陪护孩子成长，照顾病中的母亲，赫本的生活忙碌而充实。

1975 年 1 月，情况发生了变化。

经纪人弗林斯送来了一部剧本，《罗宾汉与玛莉安》。与过去八年不同的是，这次，看完剧本后，赫本动心了。

动心的原因是多方面的。

剧本感人，机智，描写了一对中年男女的重逢与爱情。女主角玛莉安的人生际遇引发了赫本情感上的强烈共鸣，她们都放弃了原来的生活，追求截然不同的人生。她们的内心都渴望爱情。

片酬也极诱人，只要工作三十六天，就可以获得百万片酬。而这正是赫本此时最需要的，她正有购买瑞士格斯塔德的山间小屋的打算。

当然，还有一个不容忽视的原因，多蒂一直鼓励赫本接拍这部影片。赫本何尝不明白？多蒂一直以妻子是一个国际巨星为荣，但赫本更明白，多蒂可不希望自己娶到的只是一个过气的明星。赫本爱多蒂，为了多蒂，她决定去冒一次险。是的，每一次拍片对赫本来说，都是一种冒险，何况这次是在息影八年之后重新回到摄影机前。

自然，媒体对赫本的"复出"进行了连篇累牍的报道。无疑，全世界赫本的影迷们都期待着赫本能够给大家带来惊喜。

04

悲哀，那些坦白与无耻

八年息影，物是人非。

对新的电影潮流、主流观众的欣赏偏好，赫本自感并无十分把握，加之演技难免生疏，所以带着卢卡和保姆以及私人发型师、化妆师和助理前往西班牙纳瓦尔拍片的途中，赫本可谓一路忐忑。

心理上的紧张与焦虑继而引发了生理功能的紊乱，赫本居然出现了腹痛如绞、双手直冒汗的症状。

每一次拍片，对赫本来说都是一种冒险，何况这次是在息影八年之后重新回到摄影机前？

自己将给全世界的影迷交出一份怎样的答卷？如果拿不出让影迷满意的作品，后果不堪设想，那简直就是毁灭性的打击啊！

导演理查德·莱斯特第一天就让赫本"目瞪口呆"。

莱斯特特别擅长拍喜剧加动作的影片，曾因帮披头士拍过两部影片而出名。莱斯特的拍片风格与赫本拍《罗马假日》时的导演威廉·惠勒截然不同，惠勒精益求精，为了追求最佳效果，经常一拍再拍，而莱斯特素来不喜欢拖泥带水，其拍片速度非常迅速。

多年来,赫本习惯于追求细节与唯美,经常与摄影师讨论如何取景,但莱斯特才懒得去探究浪漫与精致,常常才拍一两次就 OK 了。

莱斯特的快节奏让赫本感到很不适应。

接着又发生了一件很不愉快的事。

那天,剧组正在拍摄一组马车过河的镜头。没想到的是,发生了意外,马车翻了,赫本和车上其他三名演员全部掉进水里。好在河水不深,有惊无险。

赫本穿着厚厚的修女服,被河水浸泡后,衣服越发沉重,行动非常不便。然而,莱斯特无视演员落水造成的狼狈情状,而是灵机一动,决定继续拍摄下去,因为莱斯特觉得这段意想不到的小插曲真实、喜感,拍出来一定非常有意思。于是,莱斯特下达指令,让饰演男主角的肖恩 · 康纳利即兴自编台词,继续拍摄。

此举令赫本再一次目瞪口呆。

可能是受了凉的缘故,那日,赫本咽喉疼痛,嗓音嘶哑,但莱斯特并没有让赫本休息,而是说没有关系,反正大半对白事后都要送到录音间处理。赫本是个很考虑他人感受的人,从不耍大牌,就硬撑着完成了那天的拍摄任务。

后来,这段对白却被莱斯特原封不动地保留了下来。因为莱斯特试听之后觉得非常适合片中的一段感情戏。至于赫本有何感受,莱斯特才懒得去理会呢。

一个无视他人内心感受的导演,又怎么可能得到大家的尊重呢?赫本对莱斯特几乎好感全无。对此,曾参与过《蒂凡尼的早餐》制作的理查德 · 薛帕德曾说过一段耐人寻味的话:"即使面对希特勒,奥黛丽与他也能相处融洽,但在她的心目中,莱斯特并不难忘。"

《罗宾汉与玛莉安》整个拍摄过程仅用了三十六天,这样的"高效率",赫本觉得简直不可思议。难道这就是当下流行的电影新浪潮吗?

如果是，那它真的不是那么让人喜欢！

赫本有满腹的委屈要与多蒂说。毕竟，此次复出，在很大程度上是为了多蒂啊！

然而，此时的多蒂，正带着一个又一个漂亮的女孩频繁出入于夜总会。当赫本在一些欧洲八卦报纸上看到多蒂被拍的照片时，不禁黯然神伤。

回到罗马，赫本拿着照片质问多蒂。多蒂满脸无辜与震惊："她们只是我的朋友啊！"转而，多蒂又为自己辩护，"我又不是天使。意大利丈夫向来不以忠诚闻名。"

面对多蒂的坦白与无耻，失望与悲伤铺天盖地而来。

赫本的一颗心，犹如落入了冰窖。

离婚吗？可怜的卢卡刚刚五岁……

回顾自己第一段失败的婚姻，赫本难过得无以复加。此时，赫本不得不承认，自己以为嫁了一个多么优秀的男人，可是，这个男人比梅尔并没有好到哪里去。

虽然两人的感情几乎无法修复，但是，为了孩子，赫本还是决定努力维持自己的第二段婚姻，哪怕这段婚姻已经名存实亡。

更悲哀的是，赫本还得处心积虑地为内里已经千疮百孔的婚姻披上华丽的外衣——

赫本一次次地微笑着告诉媒体："我的婚姻，很美满。"

05

离异，濒临崩溃欲自杀

赫本一生追求稳定与安全，然而，梅尔给不了她，多蒂也给不了她。

也许，多蒂还太年轻，有很强的可塑性。那么，自己可以等他"长大"，等他"成熟"，等他有"责任感"。为了给肖恩和卢卡一个完整的家，赫本愿意等。

赫本再一次选择了尽可能延续婚姻。不管梅尔和多蒂如何对她，她都很爱他们。对自己所爱的人，赫本总不愿放弃哪怕只有百分之一的希望。为了这百分之一，赫本愿将婚姻撑到最长的期限。

然而，这样的婚姻，终究千疮百孔。而赫本，是不愿让外界看到她的婚姻真相的。

赫本努力掩饰。此时的赫本，就像一个不谙撒谎之道的小女孩，手法笨拙，漏洞百出。

1976 年，为《罗宾汉与玛莉安》做宣传时，赫本甚至不敢让记者到家里来。记者的嗅觉何等灵敏？生机与冷寂，热闹与颓败，幸福的家庭和勉强凑合在一起的家庭，是散发着不同味道的。她和多蒂的家，已经不再是盛放幸福的城堡，而是充满冷战与争吵的战场。

那时，只有极少数朋友才能进入赫本的家。

所以，当不得不应对记者访问时，赫本只能将访问安排到她的朋友家中。阿瑞贝拉·安伽贺家，就是赫本为《罗宾汉与玛莉安》做宣传时的选择。

赫本对媒体这样解释："我的房子今天一滴水都没有，从 6 月到 11 月都没有热水！得到我先生的工作室去洗澡。或许该说我去年夏天到西班牙拍《罗宾汉与玛莉安》，就是为了能洗澡！"

多么苍白的理由。

一个努力掩饰自己婚姻真相的女人，怎样殚精竭虑都是徒劳！

但是，面对外界对于自己婚姻的窥探，赫本实在没有勇气将伤口撕裂开来。也许，撕裂的伤口会赢得别人的怜惜，然而，赫本根本不需要别人的可怜或疼惜。她担心的是，一旦婚姻的真相被披露，那么一切就没有了回旋的余地。而赫本对多蒂，仍然心存一丝侥幸。

可是，怎样才能改变多蒂？赫本除了更多地去爱他，别无良策。

肖恩曾说，他的继父多蒂是只猎犬——是啊，有哪只猎犬会只满足于一只猎物？

于是，赫本就如同传说中的那只鸵鸟，一头扎进沙子里，借以逃避现实、自欺欺人。可是，这样做的结果，往往导致问题更趋复杂、更难处理。

赴纽约为《罗宾汉与玛莉安》做宣传时，赫本邀多蒂同行。多蒂倒并不排斥这个能让自己大出风头的机会。然而，让多蒂大为不满的是，因为与那日要上的《今日》节目主持人芭芭拉·华特丝不熟悉，赫本担心华特丝会口无遮拦地提及自己的私生活，竟临时决定取消了当天的宣传活动！

多蒂哪能理解，此时的赫本，就是一头在婚姻的苦旅中负重前行的骆驼，一点点自己掌控之外的意外，都有可能成为压倒她拼命维护的婚姻的最后一根稻草。

她还不想冒险，她还在给多蒂回头的机会。

因为在乎，所以紧张。

早餐记者会，却是不可能再取消的了。在回答问题环节，赫本的手抖个不停，一根接一根地抽烟。上帝，保佑我，千万别让他们问到那些我不想回答也不知道该如何回答的问题！

这种紧张与焦虑甚至延续到了 1976 年 3 月，赫本带着多蒂到洛杉矶参加当年的奥斯卡颁奖典礼，赫本担任宣布最佳影片得主的嘉宾。有细心的记者注意到，在镜头前，赫本仪态万千，光彩照人，但是在后台，她紧张万分，结果将钱包弄丢了。转播结束后也不肯进媒体室。

是的，如果可以，赫本宁愿躲进暗室，悄悄地舔伤。她对媒体的害怕只能说明一点，她对多蒂的信心，对延续与多蒂婚姻的信心，正在一点点地失去。

1978 年，赫本与多蒂的婚姻，已经成为有名无实的空壳。

那根一直在空中悬浮着的稻草，终于轰然掉落——一个无情的事实再也无法回避：赫本发现，多蒂竟然趁她不在，在家里偷情。

赫本肝胆欲裂。再也没有理由自欺欺人了。不是所有的男人都能懂得你的好，珍爱你的好。若他无视你的情深，无视你的宽容，无视你的期望，这样的男人，还有什么值得留恋？

是多蒂逼着她走到了这一步——通过法律手段，离婚。

那是一段让人不堪回首的日子。

赫本将多蒂的背叛与婚姻的失败视为自己人生中最大的失败。她是个注重自省的人，将婚姻的失败归罪于自己的无能，结果严重忧郁，甚至到了认真考虑自杀的地步。

第十四章 沃德斯，灵魂伴侣

01

邂逅，一生最正确的人

就在赫本万念俱灰、生不如死之际，一部名为《朱门血痕》的剧本适时地来到了赫本面前。

原本，赫本已经在认真考虑自杀的细节了。可是，当赫本看到这部电影的导演、老朋友杨的笑脸时，她痛哭了一场。那些郁积在心里的委屈、愤懑、懊恼、颓丧似乎都化成了泪，渐渐地抽离了赫本的身体。

生命何等珍贵？当年，在荷兰的诊所里，自己和母亲一起看护杨的情景还历历在目。杨和那些受伤的士兵为了求生做出的种种努力与抗争，曾经是那样令赫本感到震撼。回想起来，二战那么可怕的梦魇都没能摧毁自己，而现在，为了多蒂，一个不可救药的花花公子，自己居然想要亲手扼杀自己的生命！

简直不可原谅！

赫本决定，收拾收拾支离破碎的生活，重新出发。

因为生命是有价值的。

应该感谢《朱门血痕》，感谢朋友杨，将赫本及时从通向死亡的隧道口拽开。虽然这部片子在 1979 年 6 月上映后，挞伐声一片。

似乎是为了补偿赫本在两段婚姻中受到的伤害，上帝为赫本安排了一场美丽的邂逅。

那个赫本生命中最正确的人，终于姗姗而来。

他就是赫本的"灵魂伴侣"，罗伯特·沃德斯。

那是 1979 年的圣诞节后不久，在赫本和沃德斯的一个共同好友家里，他们命定地相遇。

却不是一见钟情。

最初的吸引，源于共同的忧郁与哀伤。

那场晚宴上，几乎所有的人都在欢笑、都在狂欢，只有赫本和沃德斯两个人被快乐远抛与遗忘。他们沉浸在自己的世界里，各自黯然神伤。

彼时的赫本，因为两段婚姻的失败郁郁寡欢，基本上对外界关闭了自己的心门。

而沃德斯的不快乐，则是因为心爱的妻子奥白朗的离世。

沃德斯比赫本小七岁，出生于荷兰的鹿特丹。

沃德斯身高一米七五，和赫本一样，有一双会说话的眼睛。他留着一脸络腮胡，性感而迷人。沃德斯曾当过演员，拍摄过一些电影与电视，虽然没有大红大紫，但是当年，在好莱坞的任何一次聚会中，只要谈吐幽默、思维敏锐的沃德斯现身，便是众人关注的焦点。

1975 年，沃德斯在拍摄他的最后一部影片时，结识了女主角奥白朗，随后与奥白朗共坠情网。拍片结束后，两个人就结了婚。

当年的舆论，一片哗然。

奥白朗比沃德斯大二十五岁。

一个时年只有三十九岁的盛年男子，为什么会娶一个已经年过六旬的老太太为妻？！他们之间，会有真爱吗？！不，不，沃德斯一定另有所图！

为名？这家伙，疯了吧？

为利？对，他一定是个卑鄙的投机分子！奥白朗有一大堆珠宝，等奥白朗一去世，那家伙就可以把那些珠宝拿去拍卖，数百万美元就到手了！

面对外界的种种揣测与非议，沃德斯皆付之一笑。尔后，与奥白朗携手回到她位于加州马里布的家中，安然度日。

就在与赫本结识的前不久，六十八岁的奥白朗去世。

那晚，沉浸在丧妻之痛中的沃德斯自然吸引了同样不快乐的赫本的注意。不过，表情哀伤的沃德斯并没有注意到，赫本那双能让人瞬间沉迷的大眼睛，正在关注着自己。

两人都在借酒浇愁。

人群之中的孤寂是真正的孤寂。而两个孤寂的灵魂，正无可阻挡地一步步向对方靠拢。

起初，两人自然选用英语交谈，聊着聊着就发现，两人竟是荷兰同乡！而且二战后期，沃德斯就在荷兰阿纳姆附近的另一个郊区生活！

不知不觉间，两人开始改用母语交谈。

两人聊起了不少那个时期的奇闻逸事，共同话题还真不少。比如那时，粮食极为金贵，有个农夫就用自己地里产的粮食与别人交换了很多非常值钱的艺术品。农夫非常担心他换来的这些宝贝被德国人抢了去，就建了一个地下室，将那些名画古董都藏了进去。荷兰解放的那天，农夫兴奋极了，自己的宝贝终于可以重见天日了！可是，等他打开地下室的门时，他彻底傻眼了——地下室早就让大水给淹了，他的那些宝贝几乎全毁了！

两人渐渐地开心起来。

虽然两人并非一见钟情，但不可否认的是，那晚建立起来的同乡情谊，在后来的关系发展中，起到了非常重要的作用。

回忆起那晚两人的邂逅，沃德斯笑着说："我和她用荷语交谈了几句，觉得很兴奋，但我想我们的交集大概仅止于此。"

和自己交谈的可是大名鼎鼎的赫本、光芒四射的奥斯卡影后啊！

02

同居，像乡绅平静度日

其实，沃德斯应该自信的。那次，并非两人最后的晚宴，他们的交往并没有结束。而且，随着接触次数的增加和了解程度的加深，两人产生了一种强烈的同感，那就是，他们相当同频与合拍。

很快，赫本开始亲昵地称沃德斯为"罗比"。

那段日子，谈及"罗比"，赫本总是难掩兴奋之情。照例，赫本会在第一时间和好友纪梵希分享她的幸福与快乐。她这样向纪梵希宣布："我已找到了精神上的双胞胎，愿与此人共度一生。"

很多时候，陪我们共度此生的那个人，并不是能在精神上"门当户对"的"知我者"。能得一精神上的知己并与之相伴终老，实在是上帝给予情路坎坷的赫本的一份厚爱。

那个春夜，正在纽约拍摄《皆大欢喜》的赫本，拨通了沃德斯的电话。她在啜泣。隔着电话线，沃德斯也能够感受得到，此时的赫本，是多么无助与彷徨。

赫本的无助与彷徨，与《皆大欢喜》的男主角扮演者班·加萨拉有关。简要地讲，赫本喜欢上了加萨拉，而加萨拉，并没有对她的爱做出回应。

赫本需要一个能够倾诉与倾听的对象，而沃德斯是那晚赫本所能想到的不二人选。也许潜意识里，沃德斯一直就在等这样一个电话。总之，接到电话之后，沃德斯决定，立刻赶到纽约去看她！

这是一场水到渠成的爱情，又是一场必须小心翼翼的爱情。

因为此时赫本仍然是多蒂太太。

赫本是有前车之鉴的。虽然多蒂风流成性，但若是他效仿当年的梅尔，以她与人通奸为由与她离婚，那么，她就有可能失去卢卡。那怎么可以！

两人商量来商量去，最后觉得唯一可行与安全的办法就是沃德斯搬回到瑞士去住。

这年 7 月，埃拉的健康更加糟糕，不仅心脏问题日益严重，而且还出现了第三次中风。赫本留在瑞士，日夜照料埃拉。虽然身心俱疲，但仍尽心尽力。毕竟，骨子里，赫本与埃拉是相亲相爱的。

让赫本开心的是，埃拉非常喜欢沃德斯。

埃拉很快将沃德斯当成了她与赫本之间表达情感的纽带。埃拉一生，对赫本一直过于严格，严肃、不苟言笑已经成为女爵血液里流淌的东西，但是，千真万确，她是爱赫本的。只是多年来，她已经习惯把对女儿的爱深深掩藏在冷静甚至冷酷的外表之下。

就这样，沃德斯来到了和平之邸，与赫本共同生活在一起。

这里的生活非常宁静。两人就像一对厮守了大半生的夫妇，每日早早起床，吃清淡的早餐，饭后遛一遛他们养的一条杰克罗素梗犬，在花园里消磨时光。然后，读书，看报，去市场购买食材，准备同样简单的午餐。饭后午睡，去附近的葡萄园散步，然后做做家务。晚餐前，喝点威士忌。晚饭后看看电视，然后早早上床睡觉。

这哪里是人们想象中的名流生活？这样的度日模式分明就是退休多时的乡绅！

不过，赫本喜欢。只要赫本喜欢，沃德斯就愿意陪着她，将这样的日子过到天荒地老。

当然，偶尔他们也会出门。那定是一些无法推脱、必须出席的重要活动，或是一些酬劳很高却无须花费太多时间的工作。

比如，好朋友惠勒与阿斯泰尔得奖了，他们的颁奖典礼赫本无论如何是得到场的。

1981年，他们还去了一趟都柏林。这一年，九十二岁的罗斯顿病危。

奇妙的是，罗斯顿清醒的时候，与埃拉一样，会和沃德斯说起自己有多么多么爱女儿，多么多么以女儿为傲。

而在赫本面前，他从来就是一个冷酷的、患有情感交流障碍症的父亲！

就这样，沃德斯以这种独特的方式，融入了赫本的家庭。有没有一纸婚书有什么关系？有爱，足够。没了爱，婚书又有何用？

03

使命，有爱不觉天涯远

二十世纪八十年代，对于赫本来说，乃是多事之秋。1981年，好友惠勒和凯特去世。就在赫本与多蒂离婚令宣布的1982年，又一好友奈丝比特去世。1984年，母亲埃拉溘然长逝。1986年，好友路去世。

赫本很悲痛。他们每一个都是赫本生命中非常重要的人，或是仁慈的长辈，或是贴心的好友。如今，他们一个个一去不回，怎不令赫本悲痛欲绝？

如果没有沃德斯那双温暖的手始终与她相牵，赫本真不知道自己能不能从失去挚爱亲朋的悲痛中走出来。

挚爱亲朋的相继离世，也引发了赫本的思考——余生苦短，不可白白虚度，如何才能让以后的每一天都活得更有尊严与价值？

沃德斯显然也在思考着同样的问题。

灵魂伴侣沃德斯，自然是懂赫本的。

沃德斯懂，当赫本还是个小女孩的时候，就非常喜欢孩子。

沃德斯懂赫本情到深处时的孤独，懂赫本心灵深处那种强烈的想要对他人付出爱的冲动与热情。

沃德斯想，帮助世界上那些不幸儿童，定是治疗赫本童年创伤的一剂良药，也定会成为她晚年最欣慰也最有成就感的事。

如果说赫本是误落人间的天使，那么沃德斯就是这个人间天使身上那对助她飞得更高的翅膀。

正是沃德斯，向赫本介绍了联合国儿童基金会的宗旨和要务。

对联合国儿童基金会，赫本并不陌生，并且对它饱含深情。二战中，饱受饥饿折磨的赫本，曾接受过联合国儿童基金会的帮助。仅凭这一点，就足以让赫本对联合国儿童基金会感恩一生。

赫本想，只要能有机会为联合国儿童基金会做事，我一定会不遗余力！

机会很快就来了。

赫本有一位亲戚在澳门使节团工作。1987 年，这个亲戚对赫本发出邀请，请赫本前往澳门，担任当地音乐节的特别来宾。

这年 10 月，赫本和沃德斯这对灵魂伴侣欣然受邀，一同前往澳门。音乐节有一项重要的内容，为联合国儿童基金会募捐进行专场演出。

为此，赫本在沃德斯的协助下，精心准备并发表了热情洋溢的演讲："从我幼年的经历，可以印证联合国儿童基金会对儿童意义深远。我对他们一直心存感激，信任他们的力量。"演讲虽然简短，却打动了现场所有人，尤其是时任联合国儿童基金会的高级总裁詹姆士·格兰特先生。

格兰特当即表示，希望赫本能够接替喜剧演员丹尼·凯，担任联合国儿童基金会亲善大使一职。

赫本回望沃德斯，见他那双绿色的大眼睛里，满当当地盛放着鼓励与支持。

赫本毫不迟疑，一口答应。

1988 年 3 月 1 日，赫本正式申请成为联合国儿童基金会的亲善大使。一周后，赫本从格兰特手中领取了具有象征意义的一美元薪水，以示接受任职。

生命的最后五年，赫本在沃德斯的陪伴下，踏上了为基金会出力的行程，足迹遍及埃塞俄比亚、日内瓦、土耳其、委内瑞拉、厄瓜多尔、危地马拉、苏丹、越南、泰国、索马里……为了联合国儿童基金会，赫本几乎走遍了世界。

谈到沃德斯在她担任亲善大使的新工作中扮演的角色时，赫本无比深情："我们一起合作这一切，他对这件事就像我一样热心，全力支持。"

1989 年，沃德斯被联合国儿童基金会任命为赫本的经理，负责协调赫本的出访任务、媒体访问以及各种会议的安排等。基金会提供二千二百美元的酬劳给沃德斯，当然，这也是一种象征性的报酬。

确实，没有沃德斯，赫本根本无法协调和处理好这么多繁杂而又重要的工作。有了沃德斯这样一个称职的经理，赫本就可以准时开始行程和避开各种不合理要求带来的阻挠。沃德斯何止是经理？他就是赫本的动力，就是始终站立在赫本身后的那座足以倚靠的山。

虽然履行自己作为联合国儿童基金会亲善大使的使命非常辛苦，然而，有爱不觉天涯远，因为有了沃德斯的陪伴，赫本的脸上始终带着微笑。

屈原《离骚》有云："唯草木之零落兮，恐美人之迟暮。"由于太过瘦削，赫本的脸部脂肪缺乏，导致皱纹横生。但是，在赫本面前，谁敢说美人迟暮这四字？谁敢说，1988 年到 1993 年的赫本，不是全世界最有魅力的女人？

有影迷深情地说——

如果圣洁需要一个形象，那就是她。

如果悲悯需要一个形象，那就是她。

如果爱与美需要用一个人类的形象来表达，那也只能是她！

04

病起，时光尽头的守候

　　1992 年，赫本和沃德斯结束了凶险的索马里之行，回到瑞士，原本想好好休息一段时间，再到加州参加基金会的其他活动，可是，就在这时，病痛袭击了赫本。

　　腹痛、消化不良、类似疝气一样症状的出现，都说明，赫本的健康出现了问题。

　　难道是在索马里感染上了病毒或细菌？

　　在索马里，赫本曾被一种不知名的小虫咬伤，当时医生怀疑她感染上了一种非常可怕的传染病，情急之下，使用了一种药效强劲但对身体其他组织具有一定破坏作用的抗生素才帮助她脱离了危险。

　　沃德斯赶紧带着赫本四处找瑞士的专家求医问药。

　　但是，专家们并没能对赫本的病情做出确定的诊断结论，也以为是寄生虫感染，只开了些对治疗这种疾病非常有效的抗生素给赫本。然而，这种名叫甲硝唑的抗生素副作用非常大。服药之后，赫本的反应非常剧烈，出现了呕吐、严重下痢、末梢神经痛等症状。更讨厌的是，病情仍然在继续恶化！

刻不容缓，两人立刻决定离开瑞士，前往洛杉矶进行深入彻底的检查与治疗。

然而，洛杉矶的医生们在为赫本进行了又一次的全面检查后，也无法得出确切的诊断结果！

这时，有个医生建议他们去西达斯·西奈医学中心做腹腔镜检查。

11月1日，西达斯·西奈医学中心的检查结果出来了——赫本的盲肠长了恶性肿瘤，而且，癌细胞已经扩散到了结肠！据他们推测，癌细胞的生成位置可能是阑尾，之前之所以没有人能发现这一点，是因为腹腔镜根本无法直接看到阑尾的位置。而且，大约五年前，赫本就已经患上了癌症，因为癌细胞在体内发展得很慢，所以并没有引起应有的注意。

赫本仔细回想，过去这些年，自己确实经常感到腹部疼痛与痉挛，然而，谁能想到那竟是癌细胞在作祟呢？

医生当即决定为赫本做部分切除手术。

和许多家庭一样，当自己挚爱的亲人罹患不治之症，沃德斯和肖恩、卢卡决定对赫本隐瞒真实的病情。

为了让成千上万个饱受饥饿折磨的儿童能够吃上饭，多年来，赫本不辞劳苦，奔波在世界上每一个贫困的角落，而在手术之后，赫本发现，不能吃饭的人变成自己了。

赫本每天只能靠打点滴维持营养。但大家都对她的病情轻描淡写，或者干脆用谈论其他毫不相关的话题来避开这一"雷区"。

然而，赫本心如明镜。

赫本对沃德斯说，其实我早就知道这次病得很严重，不过你们放心，我不会崩溃，更不会消极对待，我会很勇敢地配合治疗。

说到这儿，赫本的眼中有泪："罗比，辛苦你了。"

中国有句俗话，叫作"夫妻本是同林鸟，大难临头各自飞"，然而沃德斯，这个与赫本连一纸婚书也没有的男人，在赫本接受手术、进行化疗的最艰难的人生阶段，始终对她不离不弃，一直陪伴赫本到生命的最后一刻。

这样一个守候着赫本直到时光尽头的男人，才是那个真正能与她匹配的好男人。

1992年11月最后一周，赫本开始第一阶段的化疗。大家非常乐观，一切似乎都很顺利，没有出现任何副作用和不良反应。

手术后，沃德斯和孩子们将赫本接到她最好的朋友康妮·沃尔德的家中休养。过去每年，赫本一家都会定期到康妮家相聚，对赫本而言，康妮的家就是自己的另一个家。

这次回"家"，意义非常。

在被死亡的阴霾笼罩的日子里，康妮亲手熬制的鸡汤就是对赫本最温暖的支持与慰藉。

然而，几天后，情况发生了变化。

05

抱歉，不能陪你到终老

回肠发生了梗阻！

疼痛更甚于以往！

止痛药无法缓痛！

必须想办法转移赫本的注意力。一个人，如果专注于疼痛本身，疼痛就会被无限放大，这让赫本如何忍受啊！

白天，沃德斯和孩子们陪着赫本在游泳池边小心翼翼地散步。头顶白云悠悠，身畔碧波荡漾。赫本倚着沃德斯，满眼依恋与不舍。

晚上，大家围坐在赫本床前的地板上，陪赫本一起看电视。喜剧或者关于自然的纪录片，都是赫本喜欢的节目。赫本把手放进沃德斯手中，虽无言语，但是她相信，他懂。她虽然很害怕，但是，她仍然会和他一起，顽强地与病魔作战。

12月1日下午，赫本在西达斯 · 西奈医学中心进行了第二次手术。从赫本被推进手术室的那一刻开始，沃德斯的心就揪着。

还不到一个小时，手术室的门开了。主刀医生说，癌细胞扩散得非常快，他已经无能为力，只能将伤口缝合。

"你们要做好准备，她已经没有多少时间了。所以，不如现在尽快回去。"医生的话让所有人的心情都跌落到了谷底。

沃德斯更是眼前一黑，怎么会这样！上帝啊，你不可以这么快就将她带走！她是这么有价值的一个人！

沃德斯意识到，不能再对赫本刻意隐瞒她的病情了。必须将医生刚才说的话，原原本本地告诉她。

赫本的双眼蓄满了眼泪，她深情地注视着沃德斯："罗比，亲爱的，请原谅，我让你失望了，我不能陪你到终老了……"

字字句句如同万千利箭，箭箭射穿沃德斯那颗几近破碎的心。

上帝给予这对灵魂伴侣的时间已经不多了。最后的两个月，他们所要做的，就是互敬互爱、彼此珍惜，认认真真地过好屈指可数的日子。

赫本说，罗比，我希望能回瑞士的家过圣诞节，你可以带我回家吗？

沃德斯不知该如何回答，赶紧偏过头去，因为他已泪流满面。

此时的赫本得靠点滴注射来补充营养，得靠吗啡来止痛，医生警告过，赫本的身体十分虚弱，如果搭乘一般的民航飞机，可能会有生命危险。

沃德斯当然想满足赫本回家的愿望，可是他又如何舍得拿赫本的生命去冒险！

纪梵希得知后，安排了自己的私人飞机来接赫本。

12 月 19 日，在沃德斯、肖恩还有护士的陪同下，赫本离开了洛杉矶。

回到和平之邸后，赫本依然无法饮食。

眼睁睁地看着生命一点点地从赫本的身体内流失，沃德斯心如刀绞。然而，面对病魔的肆虐，他又无可奈何！

圣诞来临，但赫本基本上只能卧床。

然而，赫本告诉沃德斯和孩子们，这是她一生中过得最好的圣诞节，她被他们浓浓的爱包围着。

1993 年 1 月 17 日，赫本说，罗比，我好累。

沃德斯肝肠寸断。

1 月 20 日，赫本说，罗比，亲爱的，很遗憾，但我要走了。

这一天，天使离开了她的罗比，她亲爱的灵魂伴侣，还有她心爱的肖恩和卢比，回到了天国……

天地同悲——

"她是天边最明亮的那颗星星，一月的夜里，仰起头，仰望苍穹，仿佛看到了她永远灿烂的笑颜。那一刻，知道了什么是永恒，而那个女子，美丽的，绝不仅仅是容颜。"

"唯一可以盖过蒂凡尼珠宝光芒的人，便是奥黛丽。"

"斯人已去，但她的光芒永远不会消失，永恒的天使，不朽的传奇。"

请永远记住她的名字——奥黛丽 · 赫本。

第十五章 仅有爱情，是不够的

01

荷顿，一向喜欢你，从不批评你

在赫本的情感历程中，能得她一句"一向喜欢你，从不批评你"的，大概只有威廉·荷顿了。

荷顿原名威廉·毕德尔，比赫本大十一岁，出生于美国伊利诺伊州的一个小康之家。父亲是老师，更是一名科学家。三岁时，毕德尔全家迁居加州。也许父亲是希望毕德尔和他一样成为一名学者的，然而，还在念大学时，毕德尔就被派拉蒙的星探看中，从此走上演艺之路，并且拥有了派拉蒙给他取的艺名——威廉·荷顿。

和赫本一样，荷顿一开始也只是在一些影片里跑龙套。直到1939年，荷顿才得到在《黄金少年》一片中挑大梁的机会，天分加勤奋使得荷顿一炮而红。

两年后，荷顿与女星布兰达·马歇尔结婚，并生下两个儿子。

荷顿的婚姻，非常有戏剧性。

荷顿与马歇尔的婚姻维系了三十年，这在演艺圈里并不多见。而维系两人婚姻的，并非伉俪情深，更不是彼此对婚姻的忠诚。事实上，从结婚一开始，荷顿与马歇尔就从没中断过发展各自的婚外情，而且两人还从不刻意隐瞒对方。三十年里，婚姻不息，出轨不止，两人不断地流泪忏悔然后再不断地发展婚外情。

1953 年，荷顿接受曾与他在《日落大道》和《战地军魂》中有过合作的导演怀尔德的邀请，参加《龙凤配》一片的拍摄，饰演男主角花花公子戴维。

戏开拍不久，多情的荷顿就发现，自己已经不可救药地爱上了饰演女主角莎宾娜的赫本。

那年，荷顿三十五岁，正是一个男人最成熟、最有魅力的年龄。

荷顿英俊、幽默、浪漫，星途灿烂，正是赫本欣赏的那种类型。荷顿之所以对赫本产生强大的吸引力，还有一个重要的原因，那就是荷顿非常在意赫本的感受。而这一点，与戏中饰演另一个男主角莱纳斯的亨佛莱·鲍嘉正好形成了鲜明的对比。在整个剧组都被鲍嘉的坏脾气折腾得人仰马翻时，荷顿的体贴入微更显得弥足珍贵，从而为他在赫本心中赢得了不少的加分。

所以，赫本也迅速坠入了爱河。

彼时的赫本，在几个月前刚刚与梅尔相识。自己与这个男人到底会有什么样的发展，赫本心中委实没底。因为梅尔是正在一段婚姻之中的，尽管他对赫本展开了热烈的追求，却从来没对赫本有过任何承诺。

而同样已经结婚和有了孩子的荷顿，在这方面明显比梅尔有担当，他对赫本承诺说，他一定会离婚，一定会娶她！

那段时间里，梅尔远赴意大利工作，银幕上下与赫本朝夕相对共演爱情戏的荷顿，自然尽享近水楼台之利。

这是荷顿第几次出轨了？恐怕连荷顿自己也说不清了。赫本有个女友，女演员卡波辛，荷顿曾经也是她的裙下之臣。

荷顿是个酒鬼，有时喝得连台词都念不下去。可这有什么关系？

荷顿与鲍嘉发生冲突，进而拳脚相向。也没关系！

爱情有时就像个信号屏蔽器，会将恋爱中人的种种缺点通通屏蔽。在赫本眼里，荷顿就是全世界最英俊、最幽默的魅力男人。

可以说，荷顿完完全全地俘获了赫本的一颗芳心。

每晚收工后，两人都在一起。

当时，好莱坞的合约里经常会出现一条"道德合约"，若演员私生活不检点，一旦被公之于世，事业生涯可能就会毁于一旦。

所以，赫本和荷顿交往时相当谨慎。为方便约会，赫本从靠近派拉蒙制片厂的商务旅馆里搬出，搬到与荷顿邻近的公寓里。

一天，情到浓时，赫本对荷顿说，我想给你生许多孩子。你想要几个？两个，三个，还是四个？我想要更多的孩子。放心，我可以为了家庭放弃我的事业。

出乎赫本的意料，荷顿竟是沉默以对。两人不欢而散。

几周后，莎宾娜与戴维的最后一场对手戏拍完，离别在即，不能再回避赫本的问题了，荷顿决定对赫本坦白相告。原来，早在 1947 年，为了避免意外生子，在妻子马歇尔的鼓励下，荷顿就做了结扎手术。

说实话，自己也屡屡红杏出墙的马歇尔，对荷顿的花心并不在意。但若是荷顿跟外面的女人生出若干个孩子来，那可真是件麻烦事。而荷顿呢，当时也觉得，反正自己已经有了两个儿子，做个结扎手术非但无损于自己的雄风，女友甚至还会因为不会意外怀孕而更加开心愉悦，那又何乐而不为？

直到赫本提出生孩子的问题，荷顿方才意识到，结扎，不但是个问题，还是个非常严重的大问题。

果然，赫本得知真相后，非常震惊，当场表示，我们结束了。

无论荷顿如何哀求，都无济于事。

面对赫本的决绝，荷顿伤心极了，与以往任何一次婚外情都不同的是，这回自己是认真的。上帝作证，自己是真心爱着赫本的，是想与赫本共度一生的，但是现在，为了结扎这个原因，赫本就是不肯嫁给他!

荷顿一度非常颓废，甚至萌生出一个想法，反正赫本不要我了，那我就环游世界去，而且在每一个国家，都找一个女人!

赫本听说后，只说了三个字："哦! 威廉!"未做其他评价。

也许，赫本的心里，对没有成为荷顿太太其实是暗自庆幸的，但是，赫本一向喜欢荷顿，从未批评过荷顿。某种程度上，他们是相亲相爱的同一类人——事业成功，而私生活却并不幸福。

自《龙凤配》的合作后，赫本与荷顿再无联络，直到九年之后，两人在李察 · 昆恩执导的《巴黎假期》中分饰男女主角。

抵达巴黎机场时，荷顿能清晰地听到自己的脚步声在转机回廊里回响。不知为何，他对即将面对赫本、与赫本合作拍摄《巴黎假期》，忽然感到害怕与不安。

整个拍片过程中，赫本对荷顿一如既往地关心与体贴，这使荷顿产生了旧情复燃的错觉，而赫本明确表示，她无意与荷顿再续前缘。失望之余，荷顿变本加厉地酗酒，甚至不得不进戒酒诊所，致使拍片几次中断。

酒我可以戒，可是赫本，你知道不知道，我对你的情，戒不了啊，它已深入我的骨髓了啊!

02

安德森，可知道我有多么想当母亲

1957 年 6 月，赫本前往洛杉矶，与《修女传》拍片团队会合，讨论拍片事宜。

《修女传》的编剧罗伯特 · 安德森前来接机。

谁都没有料到，一段炽热的感情会在这一年的夏天，如火山一样爆发。

其实，早在 1954 年，赫本和安德森就已经因为《翁蒂娜》一剧相识。《翁蒂娜》是剧作家剧团制作的作品，而安德森，正是剧作家剧团的编剧。

那时，赫本与梅尔正处于如胶似漆的热恋期，赫本与安德森虽然彼此欣赏，不过，仅此而已。

时过境迁，物是人非。到了 1957 年，赫本与梅尔的婚姻已经出现了种种裂痕。而安德森呢，正试图从丧妻和失恋的双重打击中走出来。

安德森与梅尔同龄，成熟、稳重，风度翩翩。不同的是，相比于梅尔，安德森更是才华横溢。

安德森出生于纽约，毕业于哈佛，在哈佛获得学士和硕士学位后，又修完博士学分,适逢二战爆发,安德森一腔热血,投笔从戎,加入海军。因为表现优异,曾获铜星勋章。

1940 年,二十三岁的安德森娶了比自己大十岁的戏剧制作人兼作家菲利斯 · 史托尔为妻,两人琴瑟和鸣,感情深笃。战后,在史托尔的鼓励下,安德森的写作事业蒸蒸日上。1953 年,安德森凭借剧本《茶与同情》一炮而红,此后更是成为好莱坞炙手可热的人物。遗憾的是,就在《茶与同情》演出之时,噩耗传来,史托尔罹患癌症!尽管安德森悉心照料了她三年,史托尔还是抛下安德森,溘然长逝。

安德森痛失爱妻,一蹶不振。瑞典女星褒曼正在巴黎准备参加《茶与同情》的演出,得知安德森的现状后,打电话安慰和鼓励他:"我觉得你应该来这里,现在是圣诞节,你不该孑然一身。这出剧作能让你有个目标,有个大家庭。"褒曼还热心地为安德森在自己住的旅馆里订了房,并亲往机场接机。

安德森非常感动。

其时,褒曼的丈夫,意大利导演罗贝托 · 罗塞里尼正与印度女星传出绯闻,更让褒曼痛苦与愤懑的是,罗塞里尼不但四处炫耀自己的婚外情,还宣称哪怕犯重婚罪也要娶那印度女星为妻。

很自然地,安德森与褒曼同病相怜,共同坠入了情网。

然而,虽然安德森爱得疯狂,但褒曼还是比较理性与实际。她已经洞察到,安德森对她的迷恋,实际上只是一种情感上的孤寂。褒曼鼓励安德森一定要站起来,战胜自己,从而主动结束了这段感情。

就在这样的情况下,安德森与赫本重逢。那日,安德森眼里的赫本与 1954 年相比,更有风格与活力。而这种活力,正是当时的安德森需要的。

让安德森心疼的是,这个充满活力的女孩其实很忧伤,而且,那似乎是一种与生俱来的忧伤。与赫本热恋后，安德森慢慢知道，赫本的忧伤来源于一个名叫罗斯顿的男人。这个在童年时期就将赫本抛下的男人，是赫本一生最不能触碰的伤口。

安德森愿意倾其所有，疼爱赫本，弥补赫本。

然而，和褒曼一样，赫本同样看出了安德森炙热的感情其实是出于极端的孤寂。这种情感，也许并不是针对某一个人，以前可以是褒曼，现在可以是赫本，也许以后还可能是其他的女人。安德森现在的种种表现，不过是要填补自己内心情感的寂寞与空洞，迫切地想要再一次归属于某个人。

所以，这是一段从一开始就注定了要失败的恋情。

可以说，《修女传》的女主角路加修女，是赫本演出生涯中最困难的角色，但同时也是让赫本拿出了最佳表现的角色。

实事求是地讲，赫本所取得的这些成就里，有安德森的功劳。

拍片过程中，安德森一直追随着赫本，从罗马到巴黎到布鲁塞尔再到刚果。

哪有编剧一直跟在剧组身边的？但是，赫本无法拒绝，也不想拒绝。她是那样欣赏安德森——那么英俊、那么有教养，他的体贴、他的细心和他的爱慕都那么恰到好处地熨帖，更重要的是，他为她写了一生中最精彩的剧本《修女传》！

1958年的一个晚上，赫本说，安德森，你可知道我有多么想当一个母亲？

余下的话，赫本没说，但安德森听出来了。如果她为了他而离开梅尔，那么，她希望能为他生好多孩子。

然而，安德森不得不悲哀地告诉赫本，他天生不孕，不可能当父亲。

上帝啊！五年前，因为同样的原因，赫本理智地离开了荷顿。如今，赫本又要经受一次这样的折磨！

什么是情人间最悲哀的事？那就是眼看着对方眼中那簇希望的火苗，一点一点地熄灭成灰……

可是，安德森无力回天。他能理解赫本童年受到的创伤，能理解赫本内心对于爱与被爱的渴望，能理解赫本对在婚姻中扮演母亲这一角色的执着。然而，老天注定，他无法帮助赫本达成这一心愿。

一段原本有可能走向婚姻的恋情，因为这一问题戛然而止。没有争吵，没有埋怨，更没有责难，他们是那样懂得彼此。

赫本的离开是决绝的，也许，刻骨铭心爱过的恋人，注定不可能成为云淡风轻的友人。

从此，两人只见过一次。

而安德森对赫本的惦念却永无休止。他只能一次次地写信给赫本的好友、《修女传》的原作者凯特和路加修女的原型路，辗转打听赫本的消息，并托凯特和路转达他对赫本美好的祝愿。

03

芬尼，真心谢谢你，陪我杀寂寞

1966 年，赫本对自己的婚姻已经基本不抱希望。与梅尔，不过是维持法律上的夫妻关系而已。

这一年，大导演史丹利·多南邀请赫本参加菲德列克·拉斐尔的新剧本《俪人行》的拍摄。

梅尔建议赫本考虑主演。梅尔认为，《罗马假日》里的公主、《龙凤配》里的黄毛丫头、《蒂凡尼的早餐》里的浪漫拜金女以及《谜中谜》中的聪明女郎等都已成为过去式，由华美的戏服、高雅的语言、欧洲的风味以及文学的意蕴所构建的赫本风格已经被新一代的电影风格取代。如今，好莱坞的观众以青少年为主，他们更青睐于惊悚的剧情，追求感官的刺激，这种披头士和青少年文化在各个领域的影响力都不容小觑。如果赫本想在演艺事业更上层楼，就必须转型。要想吸引新影迷，就不能重复原来饰演过的这些角色，应该有所突破。

应该说，梅尔所说，不无道理。

赫本却犹豫不决。

《俪人行》描写了一段十二年的婚姻如何一步步地走到了岌岌可

危的地步。女主角乔安娜与赫本先前演过的角色完全不同，她从一个快乐幸福的妻子慢慢变成了一个尖刻、愤世嫉俗、对婚姻不忠的女人。赫本担心的是，出演乔安娜固然是对自己银幕形象的一种突破，但同时也是一种颠覆，是否能得到新影迷的支持还是未知，却很有可能会失去老影迷的支持。

还有，赫本发现，《俪人行》中的这段婚姻，与自己和梅尔十二年的婚姻竟然有那么多雷同之处！饰演乔安娜这个角色对赫本来说，确实非常虐心。

但是，梅尔无视赫本的内心感受，坚决不让她放弃。

这么多年来，赫本非常讨厌梅尔对她的操纵，但因为对婚姻还没有完全绝望，此时尚想竭尽全力维系婚姻，所以，赫本一如既往地选择了向梅尔妥协。

寂寞的人最惧怕寂寞，情深的人最难拒绝深情。极度的苦闷中，赫本与剧中男主角饰演者阿尔伯特·芬尼假戏真做。小她六岁的芬尼受过古典戏剧训练，已经享誉国际。芬尼很聪明，对表演非常认真，更重要的是，他非常幽默，总是那样活力充沛和兴高采烈。两人常常私下排戏，到海边一起用餐。和芬尼在一起，赫本心里的乌云，常常就被驱散开，她喜欢那种久违的阳光味道。

芬尼就像一把锋利的刀，暂时斩杀了赫本隐藏得很深很深的寂寞。

两人甚是投合，激情四射。

在给友人的一封信中，赫本谈到了芬尼："芬尼真是好演员，很好相处，而且如他们所说'很合作'，简直让我变得'不合作了'。"

尽管两人对这段恋情守口如瓶，但又如何能瞒得过那些无孔不入的八卦记者？

梅尔警告赫本，如果不尽快结束这段婚外情，他将以她与人通奸为由与她离婚。赫本非常惊恐，因为这意味着她可能被控不能胜任母亲的角色，从而导致她失去肖恩。不！这比杀了她还要难受！

紧张、焦虑、痛苦、愤怒。情感的天平两端，一头是儿子肖恩，一头是心爱的芬尼。

不能兼得。

孰轻孰重？何去何从？

赫本别无选择，黯然地与芬尼分手。

这段经历却使赫本在《俪人行》中对情感的把握更有层次与深度。虽然美国的观众不能一下子接受赫本的转型，不过没关系，多南觉得赫本的表演棒极了，还有，《俪人行》在海外也还算卖座。这也算是对赫本的一种补偿吧。

04

加萨拉，我想要的，不是一夜情

1978 年到 1979 年间，赫本前往纽约，参与老朋友杨担纲导演的影片《朱门血痕》的拍摄。

因为与多蒂婚姻的失败，赫本曾游离于自杀的边缘。接受杨的邀请，不兀借拍片走出情感低谷期、以行动求生存的打算。

这年，赫本已经四十九岁，而她要饰演的，是一个二十三岁继承家族药厂事业，因种种原因遭人追杀的女孩。故事乏味，对白无趣，演员们的状态也都很糟糕。

不过，赫本却与同片演员班·加萨拉在第一次非正式见面时就擦出了火花。

渴望情感安慰的赫本接近加萨拉的方式非常大胆。

那天，拍片的空当，加萨拉正在看书。赫本走过去。加萨拉笑着解释说，前一晚睡不着，就看手里的这本书消遣。

赫本说，我也有失眠的毛病。下一次，如果你睡不着，可以打电话给我。我们可以做伴。

赫本话里的暗示，加萨拉自然一听就懂。

接下来的吻戏，就和拍戏时的那种吻，有点不一样了。

有一天，两人共进晚餐，赫本终于忍不住说起了多蒂，说起了自己的苦闷。是夜，两人共度良宵。

然而，加萨拉无意将这段感情发展成天长地久的相厮相守。他心如明镜，赫本不过是想从他身上寻找短期的情感安慰，而他自己，已经另有交往的对象。所以，加萨拉将两人之间的关系定位为电影拍完就再见的"一夜情"。

但赫本放不下加萨拉。《朱门血痕》完成后，杨接下来要到韩国执导一部新影片，其中有个角色由加萨拉饰演。同时杨还聘请了赫本的儿子肖恩为制片助理，所以，赫本"理所当然"地陪同前往韩国。

加萨拉显然没有像赫本那样在"恋爱"，他那时正与一名女子交往，并不想与赫本一直保持联系。所以，他一直力阻赫本去探望他。

有一次，赫本听说加萨拉在罗马，打了电话给他。说，加萨拉，我想见你。加萨拉说，我很忙。赫本黯然神伤，挂了电话。后来加萨拉想想觉得欠妥，打电话给赫本解释。赫本接了电话，两人却陷入了沉默。除了两个字，那是赫本轻声说出来的：再见。

原本，两人之间，也就没有交集了。不想，1980 年却横生出一段枝节。加萨拉将他与赫本的这段情事一五一十地告诉了与他一直有合作的导演彼得·波丹诺维奇。波丹诺维奇灵机一动，将手头的剧本《皆大欢喜》的草稿进行了角色的重写——一个深爱儿子的女人，为了孩子，与生性嫉妒又爱拈花惹草的丈夫对抗，借由短暂的激情得到喘息。

波丹诺维奇邀请赫本和加萨拉分饰男女主角。

此前，加萨拉已多次婉拒与赫本继续交往，赫本虽然非常伤心，但还是平静地说了再见。但赫本的心里显然还没有放下加萨拉，当听说加萨拉饰演男主角后，马上欣然答应出演女主角。

然而，《皆大欢喜》对赫本来说，又是一部相当虐心的片子。

她想与加萨拉重续前缘，虽然亦知此举无异于饮鸩止渴。

果然，加萨拉再次无情地拒绝了她。

赫本好不容易重新燃起的希望陡然熄灭，情绪近乎失控，不愿意参加演出。这在赫本的演艺生涯中是从来没有发生过的事，波丹诺维奇顿时慌了手脚。要知道，如果赫本退出，片子拍不了，会有许多人失去工作，连同被波丹诺维奇聘为私人助理的肖恩在内。

后来，这部虐心剧之所以能够继续拍摄下去，应该归功于沃德斯。加萨拉也许做梦都想不到，赫本后来之所以改变了主意并能够镇定自若地和他在银幕上演出露骨的爱情戏，是因为沃德斯已经取代了他在赫本心目中的地位。

若干年后，加萨拉回忆起这段经历时，倒是不无感伤："有像她那样的人爱我，我实在很荣幸，但直到我离开她，才知道她有多爱我。她告诉别人说我伤透了她的心，但没有对我说。她是这么好，这么甜美，我竟伤了她的心。"

回顾赫本的感情生活，实在可以用崎岖或坎坷来形容。与梅尔的婚姻持续了十二年，最终还是以破裂收场；嫁给比自己年轻十岁的多蒂，以为找到了幸福，结果多蒂比梅尔也好不到哪儿去；荷顿和安德森无法和她生育孩子；与芬尼的感情因为受到威胁担心因此失去肖恩不得不画下句号；而加萨拉，竟然只把她当作逢场作戏的对象。

幸运的是，峰回路转处，有沃德斯这样的灵魂伴侣等着她，陪着她，一直到时光的尽头。

· 第四卷 ·

我只想做个好母亲

第十六章 流产噩梦

01
我有一个梦想

如果你有一个非常疼你、宠你、爱你的父亲，如果你有一个快乐、无忧、幸福的童年，你可能很难理解赫本为何会一次次地提起这样一段话："我的梦想之一，就是有自己的孩子，这一切都归于同一个原因——我不只希望得到爱，而且极渴望爱别人。"

喜欢宝宝，也许是许多孩子的天性。但是，从儿童时期就萌发将来要生一个或更多的孩子并好好爱他们的梦想，却是由赫本特殊的童年经历决定的。

渴望爱，是因为缺失爱。在赫本儿时的记忆里，父亲罗斯顿整日郁郁寡欢，与赫本母女几乎无话可说。尽管如此，赫本还是喜欢和父亲待在一起，虽然父亲对她表现得非常冷漠。

从童年时期起，赫本就比任何一个孩子更渴望得到爱，渴望能去爱别人。

然而，在赫本六岁那年，罗斯顿竟抛下赫本母女，一去不回。

赫本受到的创伤无法用言语形容。原本活泼可爱的小女孩变得喜怒无常，沉默寡言。经常独自一人抱着洋娃娃发呆，或者和小动物们待在一起。

再也没有了父亲的爱，母亲也因此变得更加严厉，生活中的这一巨变，对于一个小女孩而言，是一种怎样的痛苦与折磨？年幼的赫本不得不承受这一沉重的打击，过早地尝到了被抛弃的苦涩滋味。

从那时起，赫本就发誓，将来，我一定要生好几个孩子，并且尽自己最大的努力去好好疼爱他们，坚决不让自己童年所受的这些苦在自己的孩子身上重演。

哪怕为此牺牲自己的爱情，赫本也在所不惜。

拍摄《龙凤配》时，赫本与荷顿相恋，然而，当赫本得知荷顿曾经做过结扎手术，不可能再生孩子后，她毅然与荷顿断绝了关系。

后来，拍摄《修女传》时，编剧安德森对赫本一往情深，可是当两人憧憬婚后生活，而安德森坦言相告自己患有不育症，此生再也不可能成为一个父亲时，赫本同样没做任何迟疑，义无反顾地选择了离开。

没有任何理由可以阻挡赫本成为一个母亲的脚步。

赫本不止一次对媒体说："如果我结婚，我一定会以婚姻为重。我想要两个、三个、四个甚至更多的孩子，我会为了家庭放弃事业。"

曾担任过赫本公关的罗杰斯对赫本想成为一个好母亲的梦想印象极为深刻："她只要能安心扮演贤妻或更期待的良母角色，就心满意足了。她永远把事业摆在第二位。她从来不像其他演员一样，想永远当红，而以追求个人幸福、平静、爱、子女、她爱且爱她的伴侣为重。虽然她爱演戏，但希望减少工作，有更多自己的时间。她心中充满爱。"

赫本无数次地幻想过，如果十八岁就能成为一个母亲，那该是何等美好？

二十二岁时，赫本与汉森相识相爱，原以为会顺利地结婚生子，不想因为种种原因，最终两人取消了婚约。

与第一任丈夫梅尔相识时，赫本已经二十四岁，三十六岁的梅尔则已经是四个孩子的父亲。

原以为与梅尔结婚后，怀孕生子，如愿以偿地成为一个母亲应该是指日可待的事，可是赫本没有想到，圆梦的过程竟是那样漫长与艰辛。

02

希望与失望的纠缠

1954 年 9 月 24 日，赫本嫁给梅尔，成为梅尔的第四任妻子。

婚前那段时间里，赫本饱受了"精神崩溃"的折磨。尽管举行婚礼的时候健康状况已经有所好转，但离完全恢复健康还有一段距离。所以，尽管想要宝宝的心情非常迫切，赫本也知道，这时真的不是要孩子的好时机。

婚后第三天，赫本随梅尔共赴罗马。梅尔工作，赫本则在滨海小城安其奥租下一幢三层的乡间别墅休养身心，做着要宝宝的准备。

在此期间，赫本基本上不接受公开露面的邀请。只有一次例外，那是 1953 年 11 月，阿姆斯特丹举行为战争残障人士募捐的活动，赫本一向热心公益，受邀后欣然前往。

1955 年 3 月，终于传来喜讯，赫本怀上宝宝了！

赫本激动万分。

然而，怀孕的快乐并没有持续多久。令人沮丧的是，这个宝宝只在赫本腹中待了短短几个星期。

赫本在确定自己流产后，痛哭失声。原本满心欢喜，因为深受打击，心智涣散。

之后三年，赫本和梅尔的婚姻，因为种种原因出现了裂痕。

饶是如此，赫本还是迫切地想为梅尔生个孩子，希望这个孩子能为她的婚姻带来转机。

到1958年的时候，赫本已经二十九岁，因为有过流产史，赫本开始担心，是不是自己此生已经没法当母亲了？

还好，到了这年的年底，赫本终于又有了怀孕的迹象。

与上次不同的是，赫本确信自己终于怀孕后，却是喜忧参半。这个孩子来得似乎不是时候。来年1月，她就要到墨西哥拍摄《恩怨情天》，并且已经答应在片中亲自骑马上阵。稍有一点常识的人都知道，这个动作对一个孕妇来说，危险系数实在太大。

尽管再三祈祷，意外还是发生了。

那天，在导演的安排下，赫本骑马逼近镜头。这时，有个工作人员不知何故突然冲出来，挥舞着手臂跑到马的面前。马骤然受惊，几乎直立起来，马背上的赫本一下子被弹飞到空中，然后，砰的一声摔落在地！

众人大惊失色，赶紧把赫本送往医院。检查发现，赫本有四块脊椎骨骨折，脚严重扭伤。万幸的是，腹中胎儿无事。

休养了两个月后，赫本身体康复，重返墨西哥，仍然坚持着兑现了自己的承诺——骑马上阵。

尽管赫本如此努力，这部片子上映后却还是受到了不少严厉的批评。就连为之付出了差点瘫痪与流产的沉重代价的赫本，也没能逃脱。

拍完《恩怨情天》，赫本回到瑞士的贝达尼亚别墅待产。然而，犹如平地起惊雷，晴天响霹雳，令人意想不到的事情发生了，赫本娩出的，竟是一个死胎！

多少期盼，顿时成空。

赫本一蹶不振。体重迅速下降，每天要抽三包烟。人也一下子老了许多。

所幸，四个月后，赫本再次怀孕。这次，赫本再也不敢大意，抛开一切，回到瑞士安心养胎，过着近乎与世隔绝的生活。

1960 年 7 月 17 日，三十一岁的赫本终于如愿以偿，在瑞士琉森产科医院诞下了自己的第一个孩子肖恩。

宝宝强壮而健康。

抱起肖恩那绵软的小身体、拥他入怀的那一刻，赫本幸福得无以复加。

03

终为人母

终为人母的喜悦心情，当然要与好朋友分享。

赫本从惊马上坠下受伤之后，路曾在墨西哥和加州悉心照料了赫本两个月，所以这个好消息，应该在第一时间告诉路和凯特。

赫本催促梅尔赶紧发电报给这两个好友："奥黛丽和梅尔于今午两点四十喜获男孩肖恩。"

路和凯特收到电报后非常开心，立刻回电送上最美的祝福："我们请了七千个好仙女围绕肖恩的摇篮祈福，衷心为你们三人欢喜。"

同一个教堂，同一个牧师。

不同的是，六年前，赫本在这里举行的是婚礼，从此成了梅尔的妻子。

而今天，这里举行的，则是肖恩的受洗礼。

赫本的好友纪梵希特地为肖恩设计了漂亮的婴儿服。牧师给肖恩起名为——肖恩 · 赫本 · 费勒。

赫本的心情如阳光一样灿烂。不，比阳光还要灿烂。

"就像所有新母亲一样，我简直不敢相信他真的是由我而造，我可以保有他……在我自己还是小孩的时候,最期待的就是有个孩子……而且我希望有很多宝宝,这是我衷心的愿望……我相信十八岁就生宝宝的滋味一定很甜美,但若你等待多年美梦才成真,那种喜悦简直难以形容……先前的流产,对我来说比一切都痛苦……"

和所有母亲一样,赫本也爱"晒娃"。譬如,在 1964 年写给父亲罗斯顿的一封信中,对自己主演的电影、正在美国各地如火如荼进行宣传的《窈窕淑女》,赫本只是轻描淡写地提到了一次,而对"杰出的"肖恩和肖恩新养的德国狼狗,则浓墨重彩地写了整整五页纸。

赫本一直以来都希望能生很多宝宝,所以每一次怀孕,赫本都是小心翼翼,但是流产的噩梦,还是在 1965 年再一次上演。

那时,赫本正在巴黎拍摄由威廉·惠勒执导的喜剧片《偷龙转凤》。这是赫本继《罗马假日》和《双姝怨》后与惠勒的第三次合作。梅尔前来探班,而后,赫本发现自己怀孕了。

问题是,《偷龙转凤》还要两个月才能杀青。

有人建议赫本要求惠勒放慢拍片的速度与节奏,但赫本拒绝了。只要处于工作状态,那么,赫本就是投入、专注和敬业的。和赫本有过合作的导演和演员都知道,要求享有特权,从来不是赫本的风格。

12 月,《偷龙转凤》的最后一组镜头拍完。梅尔带着赫本回到瑞士和平之邸的家迎接圣诞。赫本不肯闲着,忙着装饰房屋,写贺卡给各地的亲友,给罗斯顿和埃拉分送礼物。

圣诞节之后不久,赫本悲哀地发现,孩子没了。

赫本非常非常难过。她在给罗斯顿写的明信片中说,当时,离完全崩溃"仅一线之隔"。

赫本在和平之邸休养了四个多月,方才感觉自己"好多了"。赫本给罗斯顿写信说: "我每天早上散步,下午游泳、按摩,大睡特睡。现在终于好了,不再哀伤。"

再要一个孩子的夙愿得偿,是在十年之后。

不过此时,已然物是人非。梅尔已经成为赫本生命里的过客,赫本的第二个孩子名叫卢卡,他的父亲是赫本的第二任丈夫,安德烈·多蒂。

赫本多想再生几个啊,可是年龄不允许,医生的告诫不得不听。果然,卢卡四岁那年,四十五岁的赫本再次怀孕。而后,又一次流产。

从此不再奢望。

第十七章 爱你，我的宝贝

01

和你在一起

从 1960 年 7 月 17 日那天起，赫本的生活重心就成了肖恩。

赫本越来越厌恶必须离开肖恩的时光："和儿子在一起才是真正的我，电影不过是童话故事。"

赫本不想工作，希望自己能够做一个全职母亲，陪伴肖恩成长。

1960 年 10 月，肖恩才三个月大的时候，一个机会摆在了赫本面前——出演《蒂凡尼的早餐》中的女主角荷莉·葛莱莉。

《蒂凡尼的早餐》是由楚门·卡波特的同名小说改编而成，片中的交际花荷莉是一个来自得州的乡下女孩，她来到纽约，想钓一个全世界最有钱的金龟婿。早晨，人们准备出门工作的时候，荷莉才回到公寓，一边吃早餐，一边垂涎对面名店蒂凡尼橱窗里的珠宝。后来，荷莉结识年轻作家保罗，保罗爱上了荷莉，毅然离开包养自己的阔太太。但荷莉只对珠宝感兴趣。当然，电影的结尾是好莱坞式的，在作曲家亨利·曼西尼的浪漫音乐中，荷莉接受了保罗的爱，两人热情相拥，一对年轻人告别过去，携手走向新生活。

接不接戏？赫本犹豫不决。一方面，她热爱电影，自然希望能不断尝试和挑战新角色。而且，梅尔也力劝她争取这次机会。梅尔分析说，荷莉这个角色，很有可能会成为她演艺史上的一个崭新的里程碑。可另一方面，她一刻也不想离开肖恩，不愿错过儿子成长过程中的每一个点滴。

然而，荷莉这一角色，如果错过，实在可惜。

于是，赫本带着肖恩和保姆，来到纽约拍片。

当然，每天一拍完戏，赫本要做的第一件事，就是迫不及待地直冲回家。肖恩等着她呢！

在赫本的精心照料下，到1961年3月，八个月大的肖恩，已经长了六颗牙，体重也飞快增加到十千克。

1961年，赫本还在《双姝怨》中又出演了一个具有挑战性的角色，陷入同性恋流言中的教师凯伦·莱特。除此之外，赫本基本将时间分给了梅尔和肖恩。这一年，她带着肖恩和保姆跟着梅尔四处奔波，虽然舟车劳顿，但赫本的内心是充实和快乐的。只要能跟肖恩在一起，照顾肖恩，给肖恩一个完整的家，再颠沛流离，赫本也是甘之如饴的。

圣诞节，赫本一家回到布尔根施托克。

这天，赫本的公关罗杰斯来访。梅尔兴致勃勃地和罗杰斯谈论赫本未来的角色。罗杰斯注意到，赫本专注于喂肖恩吃饭，好像梅尔谈论的是与自己毫无关联的话题。

接着，另一位客人来访。来人是戛纳电影节的负责人罗伯·法布尔·勒·布亥。勒·布亥来访的目的，是想邀请赫本参加来年春天举行的电影节开幕典礼。

梅尔大喜，勒·布亥可是个非常重要的大人物，自己将来说不定还要仰仗他，所以，梅尔坚持要罗杰斯安排赫本参加戛纳电影节。而罗杰斯则觉得不妥，反对这个主意，因为赫本没有电影参展，且不想要也不需要这样的宣传。

整个过程中，赫本无动于衷，自顾自地带肖恩上楼睡觉去了。

虽然勒·布亥与罗杰斯最终商谈的结果是颁发一个特别奖给赫本以奖励她对国际影坛的杰出贡献，这样赫本就能名正言顺地参加开幕典礼，但赫本还是拒绝了。

在肖恩孩提时代的记忆里，有这么一幅画面——赫本在为出席某个晚宴或者鸡尾酒会梳妆打扮，肖恩爬到她的脚边，像小狗一样蹭着赫本。赫本停下，看着肖恩，对着肖恩呢喃："哦，亲爱的，要是能跟你一起待在家里多好啊，我宁愿我们在厨房里吃那些残羹冷炙。"

是啊，还有什么能比和肖恩在一起更重要？

02

为你脆弱与坚强

不过，因为还欠派拉蒙片约，所以赫本还是不得不离开肖恩，在片场奔波。

1962 年 7 月，赫本接拍《巴黎假期》，饰演一个拿了丰厚定金编写剧本却只顾玩乐的作家雇请的打字员。

10 月初，《巴黎假期》拍完，但这次赫本没能像往日那样"直冲回家"去陪肖恩，另一部影片马上就要开拍——多南请她饰演《谜中谜》中的雷吉娜。

10 月底，弗林斯又为赫本谈妥了出演《窈窕淑女》中的卖花女伊莱莎的合约，这是一部好莱坞电影史上史无前例的大制作和最昂贵的电影，购买版权与制作经费高达二千二百五十万美元。在所有细节上，华纳都追求艺术成就的极限，赫本的片酬加红利共计一百一十万美元，超过了当时正在拍摄《埃及艳后》的伊丽莎白·泰勒的一百万美元的合约。

1963 年 5 月，赫本带着保姆、肖恩抵达洛杉矶，在为他们已经租好的房子里住下，准备《窈窕淑女》一片的开拍。

导演乔治 · 库克、编剧亚伦 · 杰 · 勒纳和服装设计师塞西尔 · 比顿前往做客，欢迎赫本。他们在一起喝茶聊天时，三岁的肖恩也在场。赫本简直不能容忍肖恩有一刻离开她的视线。虽然有传言说赫本的婚姻很不幸福，但有一点，在场的所有人都注意到了，"她非常爱她的儿子"。

这一年年底，拍完《窈窕淑女》后，赫本的婚姻已经不可救药。但是为了肖恩，赫本并不打算离婚，她还在幻想能够通过自己的种种努力来挽救其实已经注定走向失败结局的婚姻。

事实上，要修复已经伤痕累累的婚姻，真是太难太难。

梅尔一直成绩平平，而赫本，却正当红。

赫本错误地以为，她与梅尔之间情感的淡漠，源于两人因为拍片不得不长时间地分居。

所以，1964 年，赫本开始婉拒片约，带着四岁的肖恩跟着梅尔四处奔波。她对想说服她拍摄音乐剧《孤雏泪》的库克说："要把时间平分给梅尔和儿子。若是梅尔能够和我一起照顾孩子，不要分离，该有多好。"

赫本告诉自己，无论有多么委屈，都得为了儿子做一个坚强的母亲。至于忍受酷暑或严寒，跟着梅尔四处拍片，那又算得了什么呢？

要到好多年之后赫本才能明白，有些距离不是日日相随就能拉近的，有些男人不会因为你爱他就肯停下与你日渐疏离的脚步。

1965 年，威廉 · 惠勒邀请赫本在他执导的喜剧片《偷龙转凤》中饰演一个以制作赝品捞钱的艺术家的女儿。赫本与惠勒曾在《罗马假日》和《双妹怨》中有过愉快的合作，可以说，两人彼此成就。这是惠勒的第一部喜剧片，所以基本不接拍电影的赫本愉快地答应了惠勒的邀约。

十年来，赫本和梅尔一直住在瑞士的德语区。赫本希望肖恩能读法语学校，所以在坐落于法语区的沃州一个名叫特洛谢纳的村庄买下了一座有二百年历史的农庄，取名为"和平之邸"，为肖恩做好入学的准备。

1966 年，肖恩六岁，随梅尔在西班牙南部拍片。赫本则在法国南部的外景地拍摄由多南执导的《俪人行》。

有一次，梅尔带着肖恩前来探班，肖恩第一次有了关于电影拍摄现场的记忆。

肖恩坐在移动摄影机上，与小推车里负责道具的工作人员玩耍。车里有很多令人惊异的道具，不过在肖恩眼里，那些都是自己的玩具。

年幼的肖恩并不知道，那次探班之后，父母之间已经弥漫起了一场战争的硝烟。为了他，母亲屈从于父亲的威胁，离开了在《俪人行》中扮演男主角的那个男人。

为了肖恩，赫本可以成为世界上最坚强的母亲。但因为太爱肖恩，太在乎肖恩的感受，赫本同时又是一个无比脆弱的母亲。

03

至少陪你两千个小时

　　肖恩到学龄之后，赫本就有了息影之意。然而有些片约，是婉拒不了的。比如，由梅尔担任制片人、老友杨执导的《盲女惊魂记》。

　　1967 年，赫本在洛杉矶比佛利山饭店的套房里给父亲写信，不知不觉，泪水就打湿了信笺："我们两人都来洛杉矶，肖恩独自在家，因为他不肯离开新学校和朋友。这对他是最好的决定，虽然对我们是一种折磨……我真渴望回家，待在那里！"

　　在和肖恩分开的将近三个月时间里，赫本非常想念肖恩，难过得不得了。每天晚上，赫本都要从比佛利山饭店打电话给肖恩，单国际长途话费就花去数千美元。不过这些金钱，与能听到儿子的声音、彼此倾诉对对方的思念相比，实在不值一提。

　　一拍完《盲女惊魂记》里自己的戏份，赫本立刻飞速回到肖恩的身边。

　　多日不见，儿子又有了那么多变化，每一点变化都让赫本欣喜不已。欣喜的同时，赫本又有些内疚，自己错过了陪儿子成长的那么多美好点滴！

赫本对肖恩做出承诺——我答应你，至少要陪你两千个小时。

两千个小时是什么概念？就是八十三个日日夜夜。对一般人而言，可能要做到这一点并不困难，可赫本为了兑现对儿子的承诺，毅然息影八年，不再工作。

从1967年起，赫本开始扮演自己的新角色——全职妈妈。而同样是在1967年，赫本递状离婚，梅尔离开和平之邸，两人正式分居。

新角色的忙碌和充实有效地缓解了分居和离婚的隐痛。

每天，送肖恩去上学后，赫本喜欢打理花园，那里盛开着她喜爱的玫瑰、八仙花和大丽花。厨房也是赫本喜欢待的地方，能够与厨师一起分担厨房里的杂务，顺便提高自己的烹饪技艺，也是一种享受。

培养肖恩良好的生活习惯与学习习惯是赫本每天的重点。

肖恩放学回家，赫本会像所有妈妈那样，监督肖恩的功课，也会严格规定肖恩每天看电视的时间，如果超过半小时，赫本就会表现得很严厉。生活上，赫本规定肖恩每周只能喝一瓶可乐，要求肖恩一定要做到健康饮食。

而对肖恩的心理健康教育，则是赫本非常看重的一个环节。

虽然肖恩很小的时候就注意到家里一定有什么地方不对劲，但他从来没看到父母当着他的面争吵。

是的，即便是在情况最糟糕的时候，赫本也没有在肖恩面前批评过梅尔，没有说过梅尔一句坏话。赫本非常在意肖恩的感受。要知道，父亲形象的坍塌，对于一个男孩子来说，简直是毁灭性的。

童年时，父亲罗斯顿一去不回，赫本曾以为一定是自己不够好，那种负罪感以及由此带来的心理阴影和对日后生活产生的种种不良影响，一定不能在儿子的身上重演。

所以，当婚姻实在难以为继，赫本选择了对儿子坦诚相告——我要和爸爸离婚，但是亲爱的宝贝，我要告诉你，这绝对不是你的错。

　　肖恩的难过赫本看在眼里。然而，赫本只能在心里默默地对儿子说抱歉。如果继续维持这样的婚姻，只怕将来，三个人都会更加伤痕累累。

　　有时，痛，是为了不痛。

　　而残缺，是对圆满的一种期待。或者说，是另一种意义上的圆满。

　　赫本相信，这些道理，肖恩长大后，一定会懂。

第十八章 最好的母子，最好的朋友

01

从"明星的儿子"到"足球守门员肖恩"

天下父母，无一例外地都想给儿女创造一份最好的生活。

什么才是最好的生活？在赫本的育儿词典中，最好的生活是与养尊处优、享受特权、前呼后拥等词汇无关的——最好的生活，应该就是能让儿子和所有普通家庭的孩子那样，健健康康地成长。

正如不希望自己的生活受到媒体和公众的过度关注一样，赫本也希望肖恩能够远离狗仔队的滋扰，无忧无虑地长大。

然而，在二十世纪七十年代早期，肖恩是作为"明星的儿子"存在的。虽然赫本想让肖恩过正常人的生活，自己也像一个普通的母亲一样，每天接送肖恩上放学，然而，只要他们出现在学校门口，就会受到狗仔和自由摄影师们的围追堵截。

面对那些追着自己拍摄的长枪短炮，肖恩满眼好奇，同时也有点小小的虚荣——自己的母亲，就是那么美！无论是外表还是内心，从上到下，每一个角度，每一个侧面，都是那么美，如果他们愿意拍照，那就让他们拍好了。

而赫本总是拉住肖恩的手，低头疾走，快步离开。

在肖恩的记忆中，虽然母亲是个大明星，但是他与弟弟卢卡和其他普通家庭孩子的成长历程没有什么两样："我们并不是在好莱坞长大的，无论是外在的生活环境还是内心的想法和心理。我并没有在电影人堆里长大，就连上学和玩耍，我都不是和他们的孩子一起。"

有时，肖恩甚至觉得，自己的家庭根本算不上是一个"演艺之家"。在肖恩的记忆中，母亲似乎从来不看自己的电影，母亲总说，电影拍完了，与之相关的一切就都结束了。

肖恩出生的头些年是在瑞士度过的。到了入学年龄后，赫本并没有为肖恩选择贵族学校，而是将他送到住处附近村子里的学校读书，所以肖恩的朋友，都是当地农民或者学校老师的孩子。

离家不远处，有一所孤儿院，那里生活着一群内心渴盼爱的孩子。孩子的爱心是需要培养和激活的，所以，在赫本的鼓励下，肖恩和孤儿院里的孩子们也都交上了朋友。

当时，肖恩有一个最好的朋友，与他们毗邻而居，两家的花园紧挨着。为了能够长时间地和最好的朋友待在一起，两人偷偷地在两家花园之间的栅栏下面挖了一个小通道，这样肖恩就可以躲开母亲的视线，悄悄溜到好朋友家的阁楼上去玩，有时一玩就是好几个小时。

后来，赫本与多蒂结婚，带着肖恩搬到罗马去住。赫本将肖恩送到当地的法语学校读书。和在瑞士时一样，这所法语学校也是一所再普通不过的学校，肖恩的同学和朋友也都是些普通人家的孩子。

赫本仍然坚持每天去学校接送肖恩。

尽管赫本行事低调，但很快同学们还是都知道了肖恩的母亲是一位赫赫有名的国际巨星。自然，在同学们的心里，肖恩就是一个"明星的儿子"。甚至有的同学干脆直接喊肖恩为"明星的儿子"。

一开始，肖恩很享受这样的称呼，带着母亲的明星光环在校园里行走，确实是很拉风的。毕竟，拥有赫本这样一个母亲，是所有孩子的自豪与骄傲。

赫本觉察到儿子的这一心理后告诉肖恩，你要抛开"明星的儿子"的光环，你要做回你自己。要记住，你是肖恩，独一无二的肖恩。

如同醍醐灌顶，再听到同学们用"明星的儿子"来称呼自己的时候，肖恩开始觉得不自在甚至有些刺耳了。难道自己除了一个"明星的儿子"的标签之外，就没有别的能得到他人认可的地方？

肖恩发现，自己是班上个儿最高的学生。如何发挥自己的优势和特长，在同学们的心里树立一个不同于"明星的儿子"的属于肖恩的形象？

肖恩将目光转向了绿草如茵的足球场。

接下来的日子里，肖恩利用自己的身高、灵活性以及准确的判断力等优点，将自己训练成了一个出色的足球守门员。直到这个时候，大家对肖恩的称谓和印象才有了改变。

肖恩靠自己的实力，而不是靠一个虚无的"明星的儿子"的头衔赢得了同学们对自己的喜爱和尊重。

对于赫本和肖恩来说，"足球守门员肖恩"喊起来确实要比"明星的儿子"响亮！

每次肖恩的功课有了进步或在球赛中有了出色的表现，赫本都非常开心，甚至比自己得了奥斯卡奖还要开心。

在赫本的心里，儿子，才是自己此生最好的作品。

02

儿子眼里的赫本

曾有人问肖恩：有赫本这样一个名人母亲，会是什么样的感觉？

肖恩耸耸肩，回答道："不知道。"

确实，在肖恩的心目中，母亲虽为影坛巨星、国际名人，但是她和任何一个普通的母亲没什么两样。

在肖恩和卢卡心里，母亲赫本首先是母亲，然后是朋友，最后才是一个名人。

作为母亲，赫本在肖恩和卢卡到入学年龄的时候，为了保证儿子每天能按时上学，毅然决定不再接戏。

1988 年 3 月，赫本接受媒体采访时，曾说过这样一段话："在人生的关键时刻我必须做出选择。在电影和孩子之间做出选择，对我来说这一决定是显而易见的，因为我实在太想念我的孩子了。我的大儿子开始上学之后，我不能再像以前一样，拍戏时把他带在身边，这对我来说是无法忍受的事，因此我决定暂时息影。从事业中退出，回到家里和孩子们在一起，这让我非常幸福。我可以不用一个人失落地坐在空空的房子里咬着指甲发呆。事实上和所有的母亲一样，我把全部身心都投入到照顾两个儿子上。"

当年，赫本确实是这样做的。

肖恩和卢卡小的时候，赫本外出拍戏，可以让他们与保姆随行，但儿子上学后，情况就不太一样了。儿子不可能前往剧组看望她，而且，即便儿子前来探班，拍戏的时候，赫本也无法抽身和儿子待在一起。对赫本而言，因为拍戏与儿子一次次地分开，乃是一种折磨。

赫本一直希望能在希区柯克执导的影片中演出。1959 年 2 月，赫本与希区柯克签约，同意在他的《追凶记》中饰演法官的女儿，但是后来赫本还是放弃了机会。因为她怀上了肖恩，不愿意在自己生产后马上开拍新片，以免失去初为人母的乐趣。

当生活需要赫本在孩子和电影这两者之间做出选择的时候，赫本会毫不犹豫地选择前者。

对肖恩和卢卡，赫本近乎溺爱。

一个母亲该做的一切，赫本几乎全部包办。早上，喊肖恩和卢卡起床；放学后，指导他们做功课；临睡前，给他们念书、讲故事；节假日，陪他们看电影，或者带着他们去朋友家拜访。

肖恩记得，每次考试前，母亲总是比自己还要紧张。睡觉前，赫本会给肖恩做测验，第二天起床后还会再考肖恩一次。

当肖恩拿着不错的成绩单回家，赫本会说："嗯，还是有待提高，继续努力。"虽然嘴上并不表扬肖恩，但是眉眼间那种掩饰不住的兴高采烈，早就暴露了心里对儿子的满意与赞扬。

肖恩曾说："她对我们的期望非常清楚。她既严又慈，恩威并用。"赫本爱儿子，但是该严厉的时候，赫本也毫不留情。

在肖恩和卢卡的成长过程中，母爱从来没有缺席过。

作为朋友，赫本既是儿子最好的玩伴，也是儿子欢乐与烦恼的共享者与分担者。

周末狂欢夜，关灯之后，赫本会陪儿子躺在床上聊天，一直聊到有人先睡着为止。

聊天的内容包罗万象。从现在到未来，从人生的理想与目标到身边的人和事，从对事情的看法与感受到人生观、价值观，赫本与儿子无话不谈。

在肖恩的记忆里，这种躺在黑暗里聊天的感觉非常特别，那是两个灵魂的交流与长谈。

卢卡的朋友们见到赫本时，都大吃一惊。未见到赫本前，大家都以为卢卡的母亲一定是个难以想象的大人物。没想到，赫本一点也没有大明星的架子，那样随和与亲切。

卢卡很享受朋友们的"羡慕妒忌恨"。毕竟，不是所有人都能像自己一样，拥有一个能和孩子像朋友一样相处的母亲。

肖恩十八岁那年，和母亲一起去参加思波雷托音乐节，被狗仔队偷拍。照片中的肖恩戴着墨镜，蓄着胡须，以至于媒体在报道时称肖恩是赫本"生活中的新爱人"，那天，两人读着报纸上的这则八卦，开心得哈哈大笑。

赫本说："除了'新'字之外，他们这次倒是报道了一些正确的东西。"

那一刻，肖恩感到自己被巨大的幸福击中——母亲说，他是她最好最好的朋友！

03

为爱隐忍

1975 年，有记者问赫本，做一个母亲，会不会很无聊？

赫本回答道："不，一点也不。人需要时间生活，需要把时间花在你最在乎的事情上，对我而言，最重要的事莫过于养育儿子。孩子们当然可以自己长大，但他们必须有爱，这是他们无法自动自发得到的东西。"像朋友一样，陪着孩子快乐地成长，这样才不会给自己和孩子留下遗憾。做孩子们的母亲和朋友固然辛劳，但是，赫本甘之如饴。

意识到母亲是一个非常了不起的演员，那是在肖恩和卢卡长大之后。

肖恩和卢卡目睹了这么多年来全球影迷对母亲的喜爱有增无减。若干年来，"女神"就是影迷对赫本的无限的热爱与激赏。

母亲作为电影人，为电影事业做出的贡献有目共睹。她塑造的安妮公主、莎宾娜、路加修女、荷莉以及伊莱莎等银幕形象，均成经典。而银幕下母亲的人格魅力，尤其是母亲晚年担任联合国儿童基金会亲善大使，为全世界贫困儿童奔走呼号，更使她光芒四射。

母亲从来不是靠青春和美貌来为自己赢得赞美和声誉。母亲赫本，是一个深受大众喜爱的当之无愧的女神。

肖恩和卢卡深深地为母亲赫本而自豪。

虽然赫本竭尽全力想给肖恩和卢卡创造最好的成长环境，但是有一点，虽然殚精竭虑，她还是没能做到——

给儿子们一个完整的家。

每一个女人在婚后，都会誓死捍卫自己的巢，女人们的巢穴里，栖息着自己的幼鸟。孩子，永远是女人成为母亲之后最最伤不起的命门与死穴。

有太多的婚姻，太多的女人，为了巢内的幼鸟，在婚姻内苟延残喘。女人的天可以塌，但是母亲的天，却无论如何都得为孩子撑着。

赫本也不例外。

肖恩与卢卡，就是赫本的天。

为了肖恩，在与梅尔长达十四年的婚姻里，赫本又一次次地选择了向生活妥协。

同样，在与多蒂长达十二年的婚姻里，为了卢卡，赫本一次次地与婚姻握手求和。

然而，赫本的诸般隐忍，都没能挽回两段婚姻的危局。

其实，为了孩子而做出的种种牺牲，于孩子而言，未必就是一种福音。

虽然赫本和梅尔之间纵有天大的矛盾与怨隙也从不当着肖恩的面争吵，但年幼的肖恩还是感觉到家里一定有什么地方不对劲。

有时候，孩子们有着超乎大人想象的敏感。那种和美背后刻意隐藏着的剑拔弩张，对孩子来说，不是保全，而是另一种伤害。

所幸，赫本与梅尔的婚姻，终于还是在坚守了十四年之后无望地画上了句点。

有的夫妇，一离婚，或成陌路或成仇。

赫本与她的第二任丈夫多蒂离婚后，却与多蒂仍然保持着很好的朋友关系。

赫本并非圣人。赫本之所以选择对多蒂宽宥，没有其他原因，只因为这样做，卢卡可以得到更好的抚养和教育。

爱能治愈任何伤口。

虽然赫本未能做到给肖恩和卢卡一个"完整的家"，但她对他们的爱，弥补了所有的缺憾与不足。肖恩和卢卡与所有生活在幸福家庭的孩子一样，健康，快乐。

回忆起母亲在自己成长过程中付出的心血，肖恩无限感激："我们拥有的一切关于她的记忆都是美好的，这是一件多么幸运的事。记忆里她的温和高贵依然清晰可见，让人感觉像一个充满了阳光的空房间一样舒适。记忆中，她时而坚强，时而温婉，是明朗和伤感的完美结合。甜美如伊，忧郁如伊……"

第十九章 爱全世界的受苦儿童

01

因为我是一个母亲

才一岁多的时候，赫本就表现出喜欢孩子的天性。

这就不难理解，为何赫本的梦想往往与孩子有关——

梦想有一天父亲会突然出现在她面前，给她一个温暖的怀抱，然后告诉她，他是那么爱她。

梦想有一天自己会有很多孩子，然后，去爱他们，陪着他们慢慢地长大。

梦想有一天世界上再也没有战争和贫困，所有的孩子都能健康、幸福和快乐，都能无忧无虑地成长。

可是，生活却给了赫本一连串的打击——

父亲一去不回，那决绝的身影留给赫本的，是经年难愈的暗伤。

婚后，多次的流产经历，击碎了赫本想拥有许多孩子的梦想。

还好，童年时爱的缺失，流产留下的创伤，如今都可以通过某种途径得以弥补，那就是担任联合国儿童基金会的亲善大使。

赫本与联合国儿童基金会可谓颇有渊源。除了战时接受过联合国儿童基金会的帮助外，1970 年秋，联合国儿童基金会驻欧代表曾邀请赫本参加圣诞节电视特别节目《爱的世界》，与一群孩子一起唱歌，赫本立刻就同意了。虽然当时赫本已经息影多年，而且在之前的三年多时间里，从来没有在美国露过面。

那是一群刚从困境中获救的孩子。只要看看那些瘦小的脸庞，就不难明白他们之前曾经经历过怎样的灾难。

想到自己十岁的儿子肖恩和才十个月大的卢卡，赫本情不自禁地伸出双手，将那些孩子纳进她温暖的怀抱。

从此，赫本越发关注世界贫困儿童的生存与现状。

赫本很痛心地看到，世界上竟然会有那么多儿童处于营养不良、疾病和死亡的威胁之中。作为一个希望把自己的爱献给更多儿童的母亲，赫本焉能坐视不管？

1987年东京，赫本结识了联合国儿童基金会的负责人克莉斯塔·罗丝，两人一见如故，成为无话不谈的密友。

当时，联合国儿童基金会的官员们觉得，如果赫本能担任基金会的媒体代言人，为基金会发表声明，担任筹款晚会或慈善活动的主持人，或者在电视或广播节目中呼吁大家为基金会捐款，他们就已经很感谢了。没想到赫本会在1988年3月提出申请担任联合国儿童基金会的亲善大使！这个消息，让基金会所有工作人员喜出望外、无限振奋。

而对赫本来说，能够如愿以偿成为亲善大使，为世界受难儿童奔走，实现自己爱更多孩子的梦想，亦是一件非常令人欣慰的事。

对担任亲善大使一职，赫本信心满满。

自己在社会上享有一定的知名度，虽然自己逐渐淡出影坛，但人们对她的喜爱与关注依然存在。这样就可以利用自己的影响力，聚集社会各界的舆论力量，共同关注和拯救遍布世界各个角落的贫穷、饥饿、无法受教育和遭受虐待的儿童，为那些没有发言机会的儿童发声，引发人们对他们更为广泛的关注。自己有这样的优势，去接触那些有权有势的人，向他们提出要求——无论成人世界里有多少仇恨与纷争，都不应该让儿童因之受苦受罪！

作为一个演员，赫本已经充分实现了自己的价值。如今，在另一个领域，赫本坚信自己一定会在担任联合国儿童基金会亲善大使的过程中做出更有深远意义的贡献！

02

美丽而沉默的儿童啊，我爱你们

赫本曾说，每个人在一生中，都有想找出自己是谁、希望自己有什么样的人生的时刻。

当肖恩和卢卡已经长大，当自己的生活日益安稳，当自己年近六旬，赫本不停地对自己发出诘问：你可不可以找出人生的新目标？或者说，你能不能为世界上那些贫困儿童再多做一点贡献？

1988 年 3 月，在灵魂伴侣沃德斯的陪同下，赫本动身前往东非的埃塞俄比亚履职。彼时，是赫本接任联合国儿童基金会亲善大使后的第八天。

在埃塞俄比亚，赫本见到的那些孩子，虽然身受痢疾、肝炎、斑疹伤寒、疟疾、狂犬病、脑膜炎等流行病以及极度干旱带来的双重折磨，但他们是有尊严的。从他们眼里，看不到手心朝上的卑微与可怜，相反，孩子们的目光清澈，眼神中跳跃着对现状的不甘和对未来生活的美好希冀。

在这样的目光注视下，赫本的身心深受震撼："我对埃塞俄比亚的民众印象深刻，因为他们的美、他们的尊严、耐心以及强大的自强渴望和意志。他们不只是坐着等待……他们值得帮助，不仅因为他们是全世界最贫穷的人民，获得的救助最少，更是由于他们是勇敢的民族，为自己做了这么多。"

是的，在非洲奔走的那些日子里，赫本从来没见过有人擎起双手乞求施舍。相反，她看见的是，那些人虽然身遭不幸，却依然举止高贵。虽然他们生活在条件恶劣、发展缓慢的极端环境里，很多方面都无法与发达国家的人们相提并论，但是，他们并不怨天尤人，也不憎恨生活。

尤其是埃塞俄比亚那些美丽而沉默的儿童。

儿童们沉默，是因为在发展中国家，沉重的债务使得穷人更加贫困，最贫困的人则负担最重，而受伤害最大的莫过于妇女和儿童。从孩子们的脸庞上，赫本清楚地读到，他们尚在发育的身心正在因贫困而受到伤害。

这一切让赫本心痛不已。她由衷地向大众发出呼吁——

他们，值得每一个人尊重和帮助！

他们需要食物，需要药品。他们更需要机会！

一个能让他们靠着自身力量站起来的机会！

赫本对《时代周刊》的记者说："我相信，我们能协助埃塞俄比亚所有美丽而沉默的孩子。而联合国儿童基金会要做的，正是使他们重获帮助自己的能力、给予他们发展的援助。联合国儿童基金会给了他们一把铁锹，目的是让他们挖出一眼水井，用以灌溉他们的未来，而不是要他们为自己的孩子挖掘坟墓。"

面对赫本的热情呼吁，有人却发出与之完全不同的声音。他们说，世界上总有受苦的儿童，未来一定还会有贫苦的孩子。联合国儿童基金会的所作所为，只不过是在延长儿童所受的折磨罢了！

　　面对这样的冷嘲热讽，赫本非常愤怒。这些人怎么可以冷漠到如此程度！当我们自己的孩子在经历危机、发生意外或病倒时，我们会视而不见听而不闻甚至去杀戮他们吗？我们一定会放下手头所有的事情悉心照顾他们。如果说爱自己的孩子乃是人的天性，那么，幼吾幼以及人之幼，爱全世界所有的孩子，难道不应该成为整个人类的天性吗？如果我们可以为自己的孩子这么做，那么为什么不能为那些沉默而美丽的孩子们也那样去做呢？

　　赫本决定予以还击："好，那么从你的孙儿说起。如果他得肺炎，不要帮他买抗生素；如果他出了意外，不要送他去医院。选择这样做的，请举手！"

　　赫本用清亮的眸子扫视全场，语气铿锵："这样想是践踏生命、违背人性的！"

　　这番话很是让那些说风凉话的人汗颜，他们哪还敢直视赫本的目光？相信他们的灵魂一定受到了深层次的拷问。

　　此时的赫本，浑身散发出母性的光辉和慈爱的力量，足以和她在银幕上塑造的任何一个经典形象相媲美。

03

世界是一个村落

一天，赫本在联合国儿童基金会报告上读到了世界银行行长詹姆斯·沃尔芬森先生发表的一篇演说。

沃尔芬森在成为世界银行行长之后，花了三年半的时间，走访了八十五个国家。他的这篇演说振聋发聩、发人深省——

我领悟到的第一件事就是，全世界的人都是一样的。

无论是中部非洲贫穷的村落，还是巴西的贫民区，父亲或者母亲都关心子女的未来。

我领悟到的第二件事是，所有人都不希望得到施舍。他们想要的，是机遇和机会。

我觉得，居住在贫民区和贫穷村落里的人，都是世界上最高贵的人。我把一半的时间花在了和贫民区以及乡村里的人打交道上。事实上，他们从来都不是可怜人。你也许会因为他们所处的生存环境而怜悯他们，但是他们拥有巨大的内在力量。

如果有机会的话，他们定会创造出惊人的成绩。然而，现实常常令我陷入悲观，发展中国家的人，他们有着改变命运的能力，但是他们缺少这样的机会……

沃尔芬森坦言，他十分担心自己的这些言论"也许会像被抛掷于茫茫旷野中一样，显得微弱而无力"，但是，沃尔芬森显然低估了自己的影响力。他不会孤单，起码有赫本与他同行，和他并肩作战。

一直以来，赫本都非常喜欢意大利的一句谚语——整个世界就是一个村落。

既然如此，大家就应该相亲相爱。

1988 年 3 月，赫本曾做过这样的演讲："因为世界先我们而存在，世界本来也是不公平的。但是，世界只有一个。并且它正变得越来越小，人与人有更多的机会接触。从道义的角度上说，富有的人帮助一无所有的人是一种职责。"

赫本认为，当世界儿童的成长环境和人权受到威胁和践踏时，发达国家和发展中国家应该消除国家之间或者经济上的壁垒，必须共同面对问题，解决问题。每一个地球村的居民都责无旁贷。

赫本在生命的最后几年里，为了自己的以上信念，不辞劳苦，身体力行。

不止一次，赫本接受过这样的盘问："你为什么要这样不遗余力地为那些不幸的孩子奔走呢？"

在盘问者看来，这个世界上很多的不幸，都是由当地的政府武装与反对派系之间的冲突和消耗造成的，仅凭你赫本一己之力，根本不可能解决问题。既然如此，你又何必如堂吉诃德一样，徒劳地拿着长矛与风车作战？如此劳心劳力，有用吗？

赫本打了个比方来回答类似的盘问："这好比你正在自家的客厅里坐着，突然听见街上传来恐怖的尖叫声，随后是汽车猛烈的撞击声。此时你的心脏受到了强烈的冲击，使你不由自主地从椅子上跳了起来，立刻跑到街上，发现一个孩子被车撞了，倒在血泊中。我相信这时候你不会停下来考虑到底是谁的错误导致了惨剧的发生，是司机的车开得太快，还是孩子为了追逐他的皮球突然冲上马路。这时你应该而且能做的就是赶紧抱起孩子，送他去医院。"

回答得多好。

大家共处一个地球村，难道不应该互相帮助吗？世界就是一个村落。世界需要和平，需要安宁。也许我们的努力确实不能从根本上解决问题，但是，起码我们要让世界看到，我们从来没有放弃过努力。

谁说那些折磨着儿童的噩梦无法终结？当我们告诉世界，给一个儿童接种疫苗的费用只要五美元，防治脱水症只需六美分，每年花费八十四美分就可以防止一名儿童失明；当人们终于了悟，只需要用发达国家国民生产总值之和的 1.5% 就可以彻底治愈这个噩梦，你能说，我们所做的这些努力没有意义？

所以，赫本坚定地告诉那些质疑者，你不必怀疑。因为，我的付出自有价值。即便劳心劳力，我也无怨无悔。

第二十章 去世界最贫瘠的地方

01

哭泣的索马里

这天，赫本给肖恩打电话，说，我刚从地狱回来。

肖恩大吃一惊，连忙问，到底怎么了？

电话里，赫本的声音听起来非常疲倦。她说，等我到了洛杉矶之后，再详细地跟你说。

事情是这样的，1992 年，经过多次请求，赫本终于获准来到"没有政府，没有道路，没有签证"，充满各种未知危险的索马里。

索马里之行是赫本最重要的一次出访，也是赫本担任联合国儿童基金会亲善大使时出访的最后一个国家。

这次出访，对赫本来说，可谓触目惊心。

索马里位于东非海岸，因为四年内战，国家四分五裂。加之干旱、饥荒与疾病，境内饿殍遍地，民不聊生。

从报上读到关于索马里的相关报道之后，赫本的一颗心就陷入了沉痛与焦灼之中。那里的孩子们正在承受着世人难以想象的苦难！就是再艰难凶险，我也必须去索马里，那里的孩子们需要我！

在此之前，世界上还没有人有机会直击索马里灭绝人性的种族屠杀行为以及成千上万人挣扎在死亡边缘、饥寒交迫地挤在难民营中的景象。

回到洛杉矶，赫本与肖恩就刚结束的索马里之行做了一次长谈。

赫本告诉肖恩，索马里最大的问题在于基础设施的严重缺失。这个国家除了首都摩加迪沙，其他城市和地区几乎什么也没有——道路、医院、学校……而大屠杀每天都在发生，而且没有休止的迹象。大量难民流离失所，人们陷入极度的绝望和恐惧之中，只能去收容营求助，将之作为他们最后的归宿。

而这，还不是最让赫本悲痛的。

赫本说，她以往接触到的其他国家的那些儿童，虽然也很不幸，但至少他们的眼睛中还有梦想。而这回，她从上百万的索马里儿童脸上，看不到丝毫对未来的憧憬和企盼。除了对食物还尚存一点渴望，已经没有什么能够引起他们的兴趣了。

而让人备感悲哀的是，事实上，有很多孩子几乎已经失去了进食的能力。

还有什么比看到儿童眼中了无生机更让人绝望的？！

在索马里的难民营里，没有人知道赫本是谁。但难民们都知道，每次带有联合国儿童基金会标志的飞机一降落，就会有一个女人从机舱里走出来。这个女人太瘦了，几乎和他们一样。但是，她举止端庄，文雅而平和，眼里充满了真诚的善良。她瘦削的身体内，似乎充满了无穷的力量。

她走进难民们用树枝搭建而成的简易居所，默默地蹲下身，伸出她的右手，去试测地上躺着的濒死儿童的体温。

她将蜷缩于屋角的儿童抱起，走出屋子。她的脚步沉重、缓慢而坚定。她的眼里没有泪，但是她的心，在滴血。

她来到奇斯马约喂食中心，不顾他人劝阻，在一群骨瘦如柴的儿童中间坐下。她伸出左手，握着一个孩子的小手，传递给孩子她身体的温度和她内心的慈爱。她的右手拿起汤匙，用母亲一样的眼神鼓励孩子吃点东西。

她走向一辆卡车，卡车里装满了已经死亡的儿童的尸体。她垂首低泣，双手紧紧抓着卡车的挡板，似乎唯有这样，才能获得站立的力量。

她将一名儿童背在背上，笑靥如花，那个孩子朝她绽开了纯真无邪的笑容。但她的眼角，有泪正慢慢溢出。

索马里之行使得赫本的心里充满了对社会上不公正的愤恨。社会对待那些不幸儿童的做法让她无法接受："我心中充满了对于人类自己的愤怒。"

能不愤怒吗？索马里，在哭泣啊！

在伦敦举行的记者会上，赫本几乎失声痛哭："政治是治理人民，要为人民的福祉着想。我不相信有集体的罪孽，但我相信有集体的责任。索马里是一种责任，它当然是美国的、意大利的责任，因为这两个国家到这里来殖民，他们应该做得更多——这么多年来，他们已经从这里获得利益，因此他们该有义务！人道意味着追求人类的福祉，回应人类的痛苦——这是理想的政治意义，也是我的梦想。想想看——四十万索马里人民在难民营里，逃避战争和饥饿……这真是地狱！"

令赫本欣慰的是，索马里之行结束后，所有的舆论和关注都聚集到了索马里。

虽然为时太晚，但毕竟经由联合国儿童基金会的种种努力，国际社会正在积极采取措施，试图制止索马里的灾难继续。

赫本以尊严和同情，为哭泣的索马里创造了希望与未来。

02

孩子，让我给你一个温暖的怀抱

在满世界为贫困儿童奔走呼号的那些日子里，赫本有一种刻骨铭心的感受，那就是，孩子们的身上有一种不容忽视的"情感饥渴"。

这是一种不是食物能够满足的饥渴。

索马里访问快要结束的那天，赫本走进一座简陋的房子。

一群饥饿的孩子正排成长长的队伍，等着领取联合国儿童基金会分发给他们的食物。

此情此景，不禁让赫本回想起 1945 年的安恒。当年，年少的自己饱经饥饿的折磨，也曾排在长长的队伍里，领取当时还叫联合国善后救济总署的联合国儿童基金会送来的食物。

想到这里，赫本的眼眶一热，走上前去与正在给孩子们分发食物的联合国官员交谈。

就在这时，队伍之中的一个小女孩引起了赫本的注意。

这个小女孩实在太特别了。因为饥饿，小女孩是那样虚弱无力，所以她的目光里，流露出对食物的热切渴望。然而，就在赫本与小女孩的目光对接的那一刹那，赫本感觉自己读到了女孩眼中比起对于食物的迫切需要还要强烈上千倍的欲望，那就是，渴望被爱、被关切、被拥抱！

也许是赫本身上散发出来的母性气息，唤起了女孩对于妈妈温暖怀抱的遥远记忆？

为了得到食物，女孩已经在队伍里排了那么久。然而，当女孩终于到了队伍的最前面，在经历了一番艰难的挣扎之后，还是毅然扔下了手里的盘子和即将到手的食物，不顾一切地一头扎进了赫本的怀抱！

赫本默默地张开了双臂，紧紧搂住这个对于情感的需要超过对食物需要的小女孩。

两人的眼眶湿润了。不，在场许多人的眼眶都湿润了。

随行的著名摄影师约翰·艾萨克从来不会错过任何有价值的画面。然而此时，他却默默地放下了相机。任何形式的搅扰，都是对这一庄严情感的亵渎。

这是一个神圣的时刻，是一个不容许被打扰的时刻。它将是赫本和怀里的小女孩终生难忘的美好瞬间。

怀里的小女孩让赫本明白了一件事，那就是，与让一个由于长期营养不良而濒临死亡的孩子带着痛苦的记忆死去相比，她宁愿让这个孩子死在自己充满温情和怜爱的怀抱里。

抱着他（她）的，即使不是他（她）的亲生母亲，那又有什么关系？

可是，当又一天，赫本走近一个双目失明的小女孩，试图与她交流，帮助小女孩找到她要走的路，当赫本想给女孩一个温暖的怀抱，安慰她，帮助她，与她一起驱赶那些困难与孤独的时候，令人意想不到的事发生了。小女孩脸上的微笑消失殆尽，代之而起的竟是冷漠、空虚、痛苦与拒绝！

赫本简直难以相信，小女孩会拒自己于千里之外！赫本的心里难受得要命。

那是在索马里的一个救助营里，这个失明的小女孩正摸索着救助营边缘的篱笆慢慢地向前走。显然，这是一个被世界遗弃的小女孩，也是成千上万索马里儿童悲惨生活的缩影。小女孩的身上穿着一件蓝色的破得不成样子的衣服，一大群苍蝇和飞虫围着她飞来飞去。

也许经历了太长时间的苦难和孤独，小女孩已经不习惯别人的帮助和爱护了。也就是说，这个女孩患上了"情感饥渴症"。就像极度缺乏食物导致最后已经无法进食的索马里儿童一样，在极度缺乏关爱的情况下，在日思夜想的温暖怀抱触手可及时，小女孩却本能地选择了逃避。

每每想到这个小女孩，赫本的心就无法平静。为什么小女孩会拒绝她温暖的怀抱？原因恐怕是，小女孩长期被成人世界忽视，甚至还有可能受到来自成人世界的羞辱！

所以，这些孩子才会敏感如斯啊！

赫本慨然长叹："成人的忽视和羞辱是抹杀孩子信任、希望和想象力的武器！"

03

演讲与激情

"还有什么比孩子更重要？"这是赫本在接受采访或发表演说时常用的一句开场白。

是的，还有什么比人类的生存更重要？而人的一生中，还有什么比儿童时期更需要爱、温暖、关怀、食品和教育？

儿童是我们最宝贵的资源，是我们对未来充满希望的资本。我们不仅应该保证儿童能够活下来，还应该努力使他们远离感情、社会舆论和身体上的虐待。孩子是明天的希望，但是他们没有保护自己的能力，所以他们的处境往往比成年人更加糟糕，也更需要来自成人世界的关爱。

在赫本担任联合国儿童基金会亲善大使期间，演讲对赫本来说，几乎就是家常便饭。

赫本常说："儿童基金会让我神采奕奕，年轻多了！"

赫本认为，自己为这个工作，"试演了四十五年，才终于得到它"。

那真是一段忙碌、充实而又激情飞扬的日子。

赫本马不停蹄，为受难儿童奔走，召开记者会，做专访，做电视节目，为基金会录制电视公益广告，参加公益早餐会、午餐会、晚餐会、接受广播电台的专访……

其实，演讲和电视访问对赫本来说，并不是一件轻松的事。相反，它们总是让赫本感到焦虑不安。赫本总觉得，也许自己是个还算不错的演员，但是，做慈善演讲与应对电视访问对自己而言，还是个全新的领域，所以得多用心去钻研才行。为了世界上那些受苦受难的儿童，赫本要求自己竭尽全力，努力多读书，以提高自己的见闻和学识。

赫本坚持自己查数据、写演讲稿。

赫本曾对家人描述过她在美国国会演讲时是如何地紧张。

"想要解决埃塞俄比亚的问题并非易事，因为这会触及很多敏感的政治因素，这可不像咖啡和柚了那么简单。不过令人欣慰的是，在我前往国会演讲之后，美国加大了对埃塞俄比亚的援助力度。"

而一旁的沃德斯则会诙谐地补充一句："她就在众议院前一露面，美国政府就追加了六千万美元的援助预算。"

有人曾问赫本，你为联合国儿童基金会真正做了什么？赫本认真地回答道，她的职责是通过自己的宣传和助推，使社会上更多的人了解并意识到儿童的需要。

1989 年 6 月，赫本在一篇演讲稿中热切地呼唤和平。她认为，只有和平才是解决比疾病和死亡更可怕的威胁的方法。

赫本发出呼吁："真正不充足的，不是人类的资源，而是人们的意愿。人类的资源并无赤字，有赤字的是人类的意愿。拿出世界经济总量的 0.5%，就足以改善地球上最贫穷地区的状况。"

1988 年，赫本在《风尚》杂志刊登为露华浓拍的广告照片，得到五万美元的酬劳，赫本自己追加了一万美元，全部捐给了亚美尼亚的地震灾民。

1990 年 4 月到 6 月，赫本应邀担任介绍世界美丽花园电视节目的主持人，坚持不雇助理，亲自打点服装仪容。直到 1993 年赫本去世后，那些一度误解赫本抠门的人才知道，她将拍这个系列的酬劳全部捐给了联合国儿童基金会。

赫本去世之后，她的家人做的第一件事就是在美国建立联合国儿童基金会"奥黛丽·赫本纪念基金"。赫本生前相信要改变儿童的生存状况，唯一的途径就是通过教育，所以"奥黛丽·赫本纪念基金"的主旨正是教育。基金会在赫本认为最困难、最需要基础设施的索马里、苏丹、埃塞俄比亚和厄立特里亚这四个非洲国家率先开展了教育计划。在基金会成立的第五年，又把卢旺达列入其中。如今，基金会正在参与联合国儿童基金会"让所有孩子上学"的项目，为全球一亿二千万儿童能够有机会接受基础教育积极地做着贡献。

赫本天国有知，当开心不已了吧。

· 第五卷 ·

独行不知芳华久

第二十一章 一爱到底的专业精神

01

拼，是一种生命态度

每个成功的女性身上无一例外都有一股狠劲与拼劲。

拼，是赫本的一种人生态度，也是一种定力与追求。

刚出道时，赫本身上的那股拼劲，就给周围的人留下了深刻的印象。

1948 年，初出茅庐的赫本有幸被选入音乐剧《高跟鞋》剧组。作为一个在舞台表演领域存在着太多欠缺与不足的新人，怎么才能让观众记住并喜欢上自己？

"我没有经验，但是，我可以比剧组里任何一个女孩更加勤奋，更加努力！别人坐着，我站着！别人站着，我走着！别人走着，我跑着！"

排演的日子里，别的女孩还在沉睡，赫本已经早早起床练习。每天晚上，赫本都是留到最晚的那个，因为她要尽可能争取与舞蹈助理交流的机会，力求让自己的每一个动作臻于完美。

而到了 1950 年，赫本加盟蓝道的歌舞剧《夏夜》，那段日子正如赫本自己所言，她"像白痴一样拼命工作"，工作到凌晨三点乃是家常便饭。

勤与拼固然能补拙，但是无论在何种领域，光靠勤与拼，还是难成大气候的。

当赫本意识到自己在表演技巧方面的不足时，马上积极地拜师学习，努力提升自己的专业素养与技能。

1950年，赫本拜在著名演员艾尔玛门下，向她学习戏剧课程。从艾尔玛身上，赫本学到了最为宝贵的经验，那就是"把心放在言行举止上"。

赫本的拼劲还表现在敢于直视自己的短板，并坚持不懈地向自己的短板宣战。比如，赫本知道自己的音调平淡，而歌唱更是自己的软肋，但她并没有自怨自艾，而是赶紧拜师学习如何发音与歌唱。

因为热爱舞台表演与电影表演，所以赫本并不感到苦与累。

1963年，在拍摄《窈窕淑女》时，赫本被告知，作为女主角伊莱莎的饰演者，她至少得开口唱七首歌。

这对一直认为自己"根本就没有歌声"的赫本而言，无疑又是一个巨大的挑战。但是，临阵脱逃从来不是赫本的风格。赫本表示："我会努力提高歌唱水准，依你们的要求尽量上课，这是我的工作——学会唱歌跳舞。"

赫本说到做到。那段日子里，赫本每天都坚持在歌唱老师哈泼·马凯和发音老师彼得·拉福格德的指导下练唱。

在大家的印象里，那将近一个月的时间，只要赫本一出现，她所做的唯一一件事就是拼命地练习歌唱。然后有一天，大家都觉得，这个拼劲十足的女孩歌声已经大有进步，足以演唱片中伊莱莎的大部分歌曲，再对她的歌声有担忧的话简直就是杞人忧天。

然而遗憾的是，最后华纳并没有选择赫本的歌声，而是采用了专

业歌手玛妮 · 尼克松在录音棚内的代唱。这一做法严重破坏了伊莱莎在片中的演出效果——只要尼克松的歌声一起，银幕上的伊莱莎就消失了。毫无疑问，此举大大损害了该片的艺术成就，并直接导致赫本与奥斯卡奖擦肩而过。

说赫本一点也不难过是不可能的。当初，为了演好伊莱莎，尤其是唱好伊莱莎的那些歌，赫本付出了多少心血啊！

不过，从另一个角度来说，赫本的心血并没有白费，这个爱拼、敢拼的女孩，终究还是拼到了比小金人更珍贵的东西——全世界影迷对其价值的一致认可。

02

因为热爱，所以执着

"她真是我见到的最拼的人。"谈及赫本对电影事业的热爱，与赫本合作过的不少人都会由衷地发出类似的赞叹。

而在与赫本曾传出过恋情的剧作家安德森眼里，赫本更令人敬重的是她对于电影表演艺术的执着。

对此，安德森从不吝惜溢美之词。他曾不加掩饰地宣称："我崇拜她。我敬重她的才华，以及她对自己才华的奉献。"

是的，一旦赫本决定将自己的生命奉献给某个人或某件事，那就是一种完完全全的奉献。哪怕付出再大的代价，也要努力做到最好。

爱情如此。

婚姻如此。

对自己挚爱的电影表演艺术，更是如此。

仅举《修女传》一例。

1957 年，为了演好电影《修女传》中的女主角路加修女，赫本决定前往加州，去拜访小说原作者凯特和女主角路加修女的原型路，以便向她们询问和学习关于修女的穿着、仪式以及姿态之类的问题。

为此，赶在拍摄之前，赫本租下了电影明星黛博拉·蔻儿的房子，因为蔻儿的房子离凯特和路的住处比较近。在加州租住的那段日子里，赫本一有空就去找凯特和路。从凯特和路那儿，赫本学到了很多东西，比如修女如何走路，如何跪下，如何鞠躬，在修道院中应该有什么样的言行等。

朝夕相处中，赫本对凯特和路的人格力量越发赞赏与钦佩，而对表演艺术的认真和执着也同样赢得了凯特和路的喜爱与尊重。因为三人的姓氏都是 H 开头，友人们送给她们仨一个美称，叫作"三 H 俱乐部"。三人之间，缔结了一段维系了一生的友谊。

赫本觉得，要将路加修女这一角色演绎好，从凯特和路那儿学到的东西还远远不够。

于是，接下来的日子里，赫本欣然接受导演辛尼曼的安排，四处造访修道院、精神病院，近距离地观摩修女的生活、观察医疗程序、学习如何照料病人等。赫本还花费了大量的时间去探讨和研究修女的个性应该如何发展，各个不同的时期，路加修女会有什么样的想法，这些不同的想法又该选择什么样的方式才能得到最好的演绎与表达……

在这部影片中，没有纪梵希设计的华服，但是因为专注与执着，赫本的表现比她以往的每一部作品都要优秀。赫本为全世界观众奉献出的路加修女，成为世界电影史上熠熠生辉的一粒明珠。

《修女传》中，有几个细节不能不提。

在拍摄迟到的一幕时，赫本匆匆跑来，但行为举止从容冷静，没有一点慌张。所有的女孩面对总修女时都会伏在地上，赫本却好奇地露出一只眼睛。路加修女内心的沉静与少女嘉百列的活泼，在这个经典的镜头中奇妙地实现了合二为一。

而剧终的那一幕，更是让人回味无穷。

赫本缓缓地走出修道院的大门。十七年修道院生活养成的习惯终难改变，在修道院与外界相连的最后一个台阶前，赫本习惯性地伸手向后拢了一下修女服的长裙。在处理这个动作时，赫本非常用心，影迷们可以清晰地看到，赫本拢着长裙的手显然犹豫了一下——现在的她已经不再是路加修女，而是即将回到修道院外尘世之中的嘉百列了。嘉百列是属于修道院外面的那个世界的，她所穿的裙子比起长长的修女服，可要短得多！

片刻之后，嘉百列踏步向前。

她没有回头。

四周一片寂静，只有低沉的钟声回荡。

赫本在演绎以上镜头中的表情与动作时，没有一丝多余，干净利落，准确传神。若是没有先前所做的种种功课，想将路加修女这一人物形象完美地演绎出来，是绝对不可能的。

在拍摄《修女传》时，一天，赫本正在罗马电影城拍内景，突然感到腹部剧痛，旋即昏倒。到医院一检查，原来是肾结石发作。那种疼痛实在难以忍受，在只能靠打吗啡减轻疼痛的情况下，赫本仍然挂念着工作，并因拍片进程可能因为自己生病而被迫暂停感到担忧与愧疚。结石一排出，赫本几乎没做任何耽搁，马上就回到了工作岗位。

对此，剧组所有人都唏嘘不已。

1960年，赫本因《修女传》中路加修女一角获得了第三十二届奥斯卡奖最佳女主角提名，并荣获美国金球奖剧情类最佳女主角、英国电影和电视艺术学院奖最佳英国女演员。

真是实至名归。

因为对电影表演艺术的热爱与执着，赫本赢得了世界影迷的爱。

这种爱，经年不减。

多年后的一个深夜，我打开《修女传》，才看片头，一条弹幕立刻跳了出来——赫本，我心中永远的女神！

我会心一笑，想来，这位深夜与我一起观影的赫本迷对女神的爱中，应该也饱含着安德森那样的崇拜与敬重吧。

03

不是所有的角色都适合我

作为一个完美主义者，赫本当然希望自己塑造的每一个银幕形象都无可挑剔。

赫本从不轻易接戏。对摆在自己面前的角色她会细心选择，否则宁可不要。

还在刚刚出道的时候，赫本就表现出了对角色选择的慎重与挑剔。

1952年，赫本与大明星格里高利·派克合作，拍完《罗马假日》，而后参加歌舞剧《金粉世界》的全美巡演，一时声名大噪。

到了1953年，想找赫本拍片的人蜂拥而至。

导演约瑟夫·曼凯维奇在看过《罗马假日》的试片后，对赫本的表现非常满意，他找到赫本，一心希望赫本能和明星约翰·吉古德合作，参与拍摄《第十二夜》。而吉古德则建议说，如果赫本能与他合作拍摄《造谣学堂》，会更有意思。

媒体对于赫本下一步会拍什么样的片子也进行了种种猜测——也许，赫本会与马龙·白兰度携手，担纲《拿破仑情史》中的女主角？或者她会尝试主演法国喜剧片《厨房》？赫本在戏剧表演方面表现不俗，大概著名戏剧大师彼得·布鲁克指导的《乞丐歌剧》里也会出现赫本那清丽活泼的身影吧?

接踵而至的机会足以让赫本眼花缭乱。虽然明知自己作为一名新人，确实需要通过不断地刷脸刷存在感来让观众记住自己，需要更多的机会来挑战和证明自己，但赫本心里非常清楚，以上这些角色，其实并不适合自己。

有时，拒绝与舍弃，是更需要勇气的。

有一次，甚至有人对赫本发出邀请，在电影《樱花恋》里饰演马龙·白兰度的日本新娘。

剧本很棒。马龙·白兰度更棒。要知道，作为一个刚刚在演艺圈崭露头角的新人，能与巨星马龙·白兰度合作，那可是千载难逢的好机会!

但是，赫本果断拒绝了来人的提议："我不可能饰演东方女子——没有人会相信我的!大家一定会捧腹大笑。虽然剧本很美，但我不能不自量力。要是你真的说服我，一定会后悔，因为我一定会演得一塌糊涂。"

偶尔，赫本也会在角色选择上做出一定程度的让步，不过，那一定是为了自己所爱的人做出的。比如，1954年，赫本曾答应与梅尔一起在《翁蒂娜》中饰演水中精灵。不过，对赫本来说，那可是一次让人心力交瘁的不愉快体验。

有一段时间，赫本总是与年长自己许多的男明星合作，比如《龙凤配》里的鲍嘉、《甜姐儿》里的阿斯泰尔、《战争与和平》里的方达、《黄昏之恋》里的库珀，还有《谜中谜》里的加里等。当赫本意识到这一点时，她决定，不能再重复演下去。

于是，在确定电影《俪人行》中与自己搭配的男主角人选时，赫本明确表示不再接受那些年龄足以做自己父亲的男明星，最后敲定的男主角人选是比自己小六岁的阿尔伯特 · 芬尼。以往，尽管赫本非常努力，但是要观众去相信赫本与那些年长她很多的男性之间的爱情是一件比较困难的事，而跟芬尼搭戏，赫本找到了一种久违的银幕情侣的激情，加之因为与梅尔的关系濒于破裂，两人假戏真做，就像一对金童玉女，度过了一段快乐的时光。

赫本的好友、法国服装设计师纪梵希曾这样评价赫本："她对自己想要什么、目标是什么总是一清二楚。她从不像被宠坏的明星一样摆架子，她知道如何塑造自己坚强、独立的形象。"

纪梵希所指，除了赫本对于角色的挑剔外，可能更多的是对自己演出服装的挑剔。

其实，最初领略到赫本对戏服挑剔的不是纪梵希，而是赫本的另一位美国服装设计师艾迪丝 · 海德。

两人初识时，海德已经是参与了七百部影片的制作、八度获得奥斯卡奖的顶级设计师，而赫本不过是在《金粉世界》里崭露头角的新人。但就是这样一个新人，在近乎嚣张跋扈的海德面前，彬彬有礼、不卑不亢地提出了一个要求——我的戏服，一定要经过我的认可！任何未经我同意或未经我改动过的戏服，我绝不会穿！

在后来的合作中，对于海德设计好的戏服草图，赫本往往会做很重要的改动。彼时，她的态度是温柔的，却又是坚决的，几乎没有商量的余地。

奇怪的是，一向态度倨傲的海德非常欣赏赫本骨子里的执拗与挑剔。继《罗马假日》之后，两人后来还有过多次合作。

有所选择，才能找到最适合自己的。

正因为有所选择，绝不将就，赫本才能给世界留下一部又一部经典作品。

第二十二章 永远抱持自己的主见

01
拒绝垫胸

赫本最好的朋友之一、著名导演比利 · 威尔德说过一句话："一个女孩儿被上帝亲吻了一下脸颊，就变成了奥黛丽 · 赫本。"

然而，这个人间天使，对自己的容貌其实并不满意。

比如，赫本总觉得自己的鼻子生得不美，尤其是鼻孔有点偏大，所以，摄影师们在给赫本拍照时，很难捕捉到赫本仰头大笑的镜头。此外，赫本觉得自己的嘴巴也略大，眉毛不够精美……

不过，如果你以为赫本内心有自卑情结，那就大错特错了。

众所周知，因为二战的原因，青春期的赫本几乎是在饥寒交迫中度过的，这严重影响了赫本的发育，导致赫本身材瘦削，锁骨、肋骨突出，更要命的是，赫本的胸部平坦若男孩。虽然这样的身材堪称标准的模特儿身材，是天生的衣架子，但和当时流行的性感路线却是大相径庭。

在赫本来到好莱坞之前，好莱坞一直是丰腴美人的天下，与赫本同时期的好莱坞女明星们，大都拥有一副火辣到让人血脉贲张的好身材。

比如玛丽莲·梦露，虽然没有傲人的身家背景，演技也并非一流，但梦露的身材完美而性感，当年在好莱坞一出现即秒杀了无数性感女星。直到今天，梦露仍被无数影迷奉为性感女神。还有饰演《埃及艳后》和《灵欲春宵》的女主角的伊丽莎白·泰勒，她的五官精致到无可挑剔，有着王后般高贵的气质，又有着女妖一般的妩媚与性感……

在大多数电影制作人眼里，像赫本这样的瘦削身材，可绝对算不上有什么优势。

拍摄《罗马假日》前，好莱坞为赫本指定的服装设计师海德拿着已经设计好的图纸去找赫本。在听到赫本明确提出她会根据自己的想法对图纸进行修改，并强调她绝不会随流行垫肩，更不同意垫胸时，海德大吃一惊。这个女孩，简直就是在拿自己的星途开玩笑嘛！

不过，合作不久之后，海德就对赫本刮目相看了："她要的就是自己和其他女人的不同，把她的纤瘦化为最主要的资产。"

"奥黛丽卓尔不群，别指望拿那些现成的陈词滥调来套她。"《时代周刊》曾这样评价赫本。

确实，在二十世纪五六十年代好莱坞满目的丰乳肥臀中，纤瘦的赫本以及她在《罗马假日》里饰演的安妮公主的出现，就如同一股清新的风，令人眼前一亮、精神为之一振。很难想象，如果换成一个性感女星来扮演安妮公主，《罗马假日》还会不会成为一部让人百看不厌的经典？安妮是活泼愉快的，也是机智敏锐的，脱离了宫廷生活的束缚，她又蹦又跳，不害羞，不腼腆，毫不矫揉造作，随着欧洲公主和罗马观光客两种身份的切换，安妮时而端庄时而调皮，时而高贵时而活泼，就像一个迷人的精灵。如果垫肩或垫胸，那还是永远的安妮公主、人间天使赫本吗？

不过，在拍摄《战争与和平》时，赫本的自信与固执还是引来了一场不愉快。那天要拍一场舞会的戏，赫本身穿低胸礼服出现了。看着赫本露出的锁骨、肋骨，摄影师卡地夫大吃一惊，赶紧建议赫本戴条项链以作遮掩，适当转移一下观众对娜塔莎"胸前平板"与"瘦骨嶙峋"的注意力。

但赫本坚决不同意："我就是我，我这副模样还不错。"

无奈之下，卡地夫只好进行了拍摄，虽然他清清楚楚地看到自己镜头中的赫本连肋骨都看得一清二楚。事后，《战争与和平》的意大利制片人德·罗伦堤斯看到这些镜头，简直可以用气急败坏来形容。

当然了，即使赫本违拗了自己的心意，将自己的锁骨、肋骨遮掩得严严实实，大概也改变不了《战争与和平》遭遇恶评的命运。罗伦堤斯本希望拍出一部让所有作品都相形见绌的史诗级巨作，然而，一味追求浩大场面，导致这部电影成了成本高昂、场面冗长、人物形象肤浅空洞的乏味之作。

这些还真不是赫本瘦骨嶙峋的错。

02

想删《月亮河》，除非我死

1960 年，在拍摄《蒂凡尼的早餐》时，导演布莱克·爱德华与作曲家亨利·曼西尼告诉赫本，里面有一首名叫《月亮河》的歌，必须由她自己弹吉他演唱。

初次听到这个消息时，赫本简直吓坏了，唱歌从来就不是她的优势。甚至赫本觉得，自己几乎是一个没有什么歌声的人啊！

但是，你若不试，又怎知自己没有歌唱方面的潜能？从不轻易向困难低头的赫本马上采取措施，为自己请来发音老师和吉他老师，全心全意地跟着他们学习。

经过好几个星期的刻苦努力，赫本觉得，自己有把握录制这首歌了。

就这样，观众才可以欣赏到赫本在《蒂凡尼的早餐》中那个非常经典的镜头——

清晨，年轻的作家保罗正在埋头写作。打字机里，小说 *My Friend* 刚刚敲出第一段。

There was once a very lovely, very frightened girl. She lived alone except for a nameless cat...

保罗文字里那个神秘的与一只无名的猫相依为命的女孩是谁？

似乎是为了呼应影迷心中的疑问，窗外，恰到好处地传来保罗小说中那个女孩的歌声——

Moon river, wider than a mile.

I'm crossing you in style some day.

Oh，dream maker, you heart breaker.

Wherever you're going, I'm going your way .

Two drifters，off to see the world.

There's such a lot of world to see.

We're after the same rainbow's end, waiting round the bend.

My huckleberry friend, Moon River, and me.

歌声中，保罗停止了写作，卷帘推窗望去，只见同住一所公寓的交际花荷莉身穿家常 T 恤、牛仔裤，包裹着头巾，正坐在公寓大楼的防火通道里，轻抚吉他，忘我歌唱。那双会说话的大眼睛正深情注视着远方。

荷莉所唱的，正是那首优美而又略带哀愁的《月亮河》。

哦，月亮河，宽不过一英里……总有一天我会优雅地遇见你。无论你去向何方，我都会追随着你。彩虹尽头，我们彼此等候……

荷莉的歌声，哦，不，赫本的歌声，是那样干净，那样纯粹。赫本用歌声准确地演绎出了荷莉对往事的追忆以及现实生活中的种种失落，更唱出了荷莉对真爱的热切渴望。

歌声刚停，荷莉似有所感，抬眼一望，正与保罗目光对接。两人相视而笑，那一刻，春风缱绻十万里。

《月亮河》共有五百多个改编重唱的版本。然而，作曲家曼西尼认为，《蒂凡尼的早餐》中赫本抱着吉他坐在窗边，首次以真声演唱的这首歌，是最为动听的 *Moon River*。

这是赫本从她内心深处唱出的歌声。

正因为赫本对这首歌的完美诠释，她第四次得到了奥斯卡最佳女主角的提名。

可是，当初派拉蒙的制片主管马丁·赖金在看完《蒂凡尼的早餐》的试片之后，竟一口咬定那是一首烂歌："一定要删掉！"

当时，赫本就在试片现场。听到这句话后立刻从椅子上弹了起来，声音颤抖、情绪近乎失控地喊道："除非我死！"

这并不是赫本在耍大牌，而是她对于自己实力的自信。《月亮河》本来就是曼西尼为她而写的，曼西尼说，这首歌明显带有强烈的赫本特质——一种淡淡的忧伤。可以说，没有人比赫本更懂得这首歌的含义以及优美旋律中饱含的感情。赫本坚信，经过这么长时间的努力，自己已经准确演绎出甚至连荷莉自己也未必能弄清楚的回忆、失落与渴望。这样唯美的《月亮河》，怎么舍得删掉！又怎么可能删掉！

由于赫本的坚持，《月亮河》才得以在《蒂凡尼的早餐》中保存了下来，影迷们也才有机会欣赏到这首极其珍贵的以赫本真声演唱的歌曲。

更具黑色幽默的是，这首歌后来荣获了奥斯卡最佳歌曲奖。这是生活给予永远抱持主见的赫本的一种嘉奖。

对于自己所要饰演的角色，赫本也常常会提出与众不同的见解。

1957 年，赫本写信给《修女传》的导演辛尼曼，坦言自己对于路加修女这一角色的理解与大家可能有所差异："我对路加在剧终时自称'失败者'有些困扰。"赫本在信中侃侃而谈，"得知父亲在照顾路边病患时惨遭纳粹杀害后，路加修女准备离开修道院，以嘉百列的身份继承父亲的遗志，成为一名战地护士协助反抗军。作为一名修女，路加可能是失败的，但是她能够勇敢地离开修道院，奉献更多，其希望与信仰其实都获得了重生。所以，路加不仅不是失败者，更谈不上罪恶。"

辛尼曼觉得赫本言之有理，对剧本进行了修订。

赫本就是这样，喜欢思索与反省，一旦认准了自己的看法与选择，就会像一个斗士一样，为了自己抱持的主见，去呐喊和抗争。

03

我不想要纪梵希给我任何报酬

多少年来，都有人心存疑虑——男人和女人之间，存在真正的友谊吗？

也有成千上万的影迷发出过疑问，女神奥黛丽 · 赫本与她的服装设计师纪梵希之间，有过那种叫爱情的东西吗？

不怪影迷有此一问——赫本与纪梵希都是完美主义者，都对工作专注投入，都具有相同的顽强人格。在四十年的交往与合作中，他们都将优雅发挥到了极致。

谈到他，她总说："我很少有比他更爱的人，他是我所知道的最真诚的人。"

而有这样一句话，他也一直想对她说："你是我今生最最在意的那个人。"

为了他，她不惜炒掉自己的公关，甚至差点和丈夫反目。

1957 年，纪梵希送给赫本一款以她的名字命名的香水。纪梵希说，这个香水，未来一年都属于她一人，一年后他才会让它上市。上市后的香水，名叫"禁忌"。这个名字，既是对这一年只有赫本才能使用的记录，也是对香水本身品质的一种认可。在赫本不知情的情况下，梅尔要赫本的公关罗杰斯去巴黎和纪梵希接洽索取酬劳一事。

纪梵希一口答应。

赫本知道后，非常生气："我不想要纪梵希给我任何报酬。我不需要他的钱。他是我的朋友，我帮他建立起他的香水事业，那正是朋友该尽的义务。如果有人给我一百万美元要我为香水做广告，我不会答应——但纪梵希是我的朋友，我什么都不要。没错，我宁可自己到店里以零售价购买他的香水。"赫本还说，"我不要纪梵希的钱，纪梵希他从来也是掏钱看我的电影！"

是的，1960 年，赫本为了给即将上映的《蒂凡尼的早餐》做宣传，在拍宣传照时佩戴了许多假珠宝，蒂凡尼觉得这是个好机会，就捧着高额的合约找赫本为公司拍广告，没想到被赫本一口回绝："我的形象永远不会是'钻石小姐'！"

而现在，梅尔和罗杰斯竟然瞒着自己去向纪梵希要报酬！赫本觉得，这简直让她在纪梵希面前丢尽了脸面！

因为此事，赫本决定炒掉罗杰斯。

其实最无辜的，可能就是罗杰斯了。梅尔要他去找纪梵希，他不可能违抗。夹在赫本和梅尔之间，罗杰斯实在是左右为难。不过，在赫本得知真相之后，误会得以消除，虽然不再是明星与公关之间的客户关系，但两人的友谊并没有因此受到影响。

赫本坚持不要酬劳并炒掉罗杰斯，令梅尔非常生气，不过赫本觉得自己没有做错。事实也证明，有一日，梅尔终会成为赫本生活中的匆匆过客，而纪梵希却陪伴了赫本四十年。

有人说，是赫本成就了纪梵希。我总想，若赫本听到这句话，会不会跳起来大声说：哦，不，是纪梵希成就了我！

这是一种比婚姻还要长久的爱。

1992 年的冬天，两人相识已近四十年。这一天，医生告诉赫本的家人，赫本的癌细胞扩散得非常快，已经没有多少时间了。

赫本得知后，提出想回瑞士的家过圣诞节。可是，依赫本当时的身体状况，如果搭乘一般的民航飞机，可能会有生命危险。

纪梵希得知后，安排了自己的私人飞机来接赫本。他在机舱内铺满了鲜花……

那年的 12 月 19 日，在家人还有护士的陪同下，赫本离开了洛杉矶，回到了瑞士的家"和平之邸"。

圣诞节，赫本邀请了几个密友来和平之邸过节。

那天，纪梵希也来了。

送给纪梵希的礼物珍藏在橱柜里。那是一件蓝色的外套。赫本吻着外套，声音虚弱到几乎无人能够听清："这是你的颜色。我希望你一生都会留着这件外套。"

当晚回巴黎的飞机上，在赫本面前表现得很坚强的纪梵希，终于痛哭失声。

那件蓝色外套一直披在纪梵希的肩上。它见证了他一路的心碎。

1993 年 1 月 20 日，赫本走了。

天使离开了她一生最好的搭档——那个只为她一个人设计戏服的男人，回到了天国……

纪梵希望着遥远的天，喃喃自语，泪流满面——她虽然已经离开，但她永远与我同在……

第二十三章 经久不息的"赫本风"

01
少，即是多

赫本一向崇尚简单。她曾说："物质越多的时候，我想要的却越少。许多人想登陆月球，我却想多看看树。"而赫本的时尚品位，其实就是她做人风格的延伸。

正如她的儿子肖恩所说："风格这个词现在我们经常能听到，对母亲来说，风格是内在美的延伸，源于对生活的热爱、对他人的尊重以及对人类的希望。如果说她的风格是清新高雅的，那么是因为她相信简单的力量；如果说这种风格是永恒的，那么是因为她崇尚品质；如果说时至今日，她仍是一个潮流追随的偶像，这是因为她曾经找到了属于自己的时尚，并且为之坚守一生。她从不跟风，也不每季换掉所有的衣服。她热爱时尚，但她只把时尚当作工具，借以点缀和渲染自己的风格。"

比如说穿衣。

"少，即是多"，这是赫本穿衣哲学的精髓。

赫本很注重着装。在赫本看来，着装就是一个人给别人留下的第一印象，但赫本几乎不会穿着夸张抢眼的衣服出现在人群中。

赫本私下最喜欢怎样的装扮？答案可以从安德森的小说《惘然》

中寻找。这部小说的女主人公玛丽安是一名年方二十二岁的女演员，而玛丽安的原型就是赫本。小说中，安德森这样描述玛丽安："她换了一条蓝色牛仔裤和褪色的深红高领毛衣。""你最先注意到的是她的'风格'。她又高又瘦，风姿绰约，就像一名舞者；她的黑发不是依照流行的发型梳理，而是出自她自己的设计……她给人的整体印象是惊艳，有风格，真诚又充满活力。"瞧，蓝色牛仔裤、褪色的深红高领毛衣，多简单的搭配！然而，"少，即是多"，这并不妨碍她在安德森心里的惊艳印象。

此外，白色的短袖衫配格子长裤或者黑白相间的点点裙，也深得赫本喜爱。你看，赫本就是这样见素抱朴，但是，当她就这样简简单单地骑着单车出没于街道与片场，你就会由衷地发出惊叹，简洁却又优雅，这就是赫本，这才是时尚！

在色彩的选择与搭配上，赫本同样奉行"少，即是多"。

赫本偏爱黑白两色，在《蒂凡尼的早餐》的片首，赫本身穿小黑裙从出租车里款款走出，站在蒂凡尼的窗口，一边吃早餐一边盯着蒂凡尼珠宝看的那一刻，小黑裙流泻出女人千姿百态的风情。小黑裙的魅力简直被赫本发挥到了极致。从此，赫本确立了时尚皇后的地位，成为优雅和时尚的代言人。而小黑裙，则几乎成了都市职场女性的必备品。

赫本觉得，太过鲜艳的色彩会压过自己，让自己失色。所以，除了黑白两色，乳白、浅粉和绿色等淡色系也深得赫本喜爱。《罗马假日》中，赫本仅用白衬衣、平底鞋就征服了整个世界，登上了《时代周刊》，斩获了奥斯卡最佳女主角奖，从此，优雅简约的"赫本风"经久不息。

赫本的朋友、时尚界传奇设计师纪梵希曾这样说："奥黛丽有她个人独特的风格。她穿出了优雅、流行与简单。她独树一帜地创造了极具她个人特色的'赫本'风格。"

而简单的衣服，当然要配一双好鞋。

对赫本来说，鞋子和衣服同样重要。

年轻时，为了学习芭蕾，赫本的一双脚饱受折磨。所以，赫本对鞋子的首要要求是舒服，而材质，乃是品质的基本保障。

这一点，赫本与意大利制鞋大师萨尔瓦托雷·菲拉格慕不谋而合。两人从1954年开始合作，并缔结了数十年的友情。

菲拉格慕是一名富有传奇色彩的制鞋者。他曾说，每当他看到一双以时尚和虚荣的名义备受折磨和伤害的脚时，心就会痛苦到滴血。所以，菲拉格慕设计鞋子的动机和出发点非常单纯，就是只想着如何让穿鞋的人更舒适。

菲拉格慕曾结合芭蕾舞鞋的圆头和赫本偏好裤装的特点，亲自为她打造了一款以赫本名字命名的"赫本鞋"——麂皮材质，配山羊皮鞋带与带扣，椭圆形低跟。如今这款鞋依旧热卖，成为许多都市女孩的心头好。

还记得在《蒂凡尼的早餐》中赫本深情弹唱《月亮河》的那一幕吗？那个清晨，赫本穿的，正是一款浅口平底鞋。

赫本去世后的第六年，菲拉格慕已经成为年营业额高达五十亿美元的时尚界巨头。那年的5月4日，正逢赫本七十岁生日，菲拉格慕选择了这样的方式来缅怀自己已经故去的老朋友：为奥黛丽·赫本儿童基金会筹措资金。为了筹款，菲拉格慕创办了以"奥黛丽·赫本：一个女人，一种时尚"为主题的巡回展览。此次展览从欧洲到远东，持续时间长达两年之久。

像菲拉格慕和纪梵希这样的朋友与知己，世间本就稀有，而他们与赫本之间的友情，再次印证了肖恩的那句话："母亲成为令我们所有人都尊敬的人，不是因为她外在的风格，而是当你走近她后，会深深地被她的机智、坦率和百分之百的真诚打动。"

02

赫本头、烟斗及其他

"每个女人都应该找到一种最适合自己的风格，在这基础上，再根据流行时尚和季节变换进行装扮和修饰，不要做时尚的奴隶，一味去模仿明星。"

这是赫本关于时尚的心得。尽管她一再强调不要做时尚的奴隶，不要一味去模仿明星，但作为优雅与时尚的永恒象征和当之无愧的时尚领袖，赫本还是无可选择地成了无数女性热衷模仿的对象。

提及赫本与时尚，就不能不提"赫本头"——赫本的几款经典发型。

说起"赫本头"，很多人可能首先想到的是赫本在《蒂凡尼的早餐》中，穿小黑裙戴珍珠项链叼烟斗的那个盘发发型。

然而事实上，赫本引领潮流的更早一款"赫本头"，出现于《罗马假日》。

在电影《罗马假日》中，赫本饰演的安妮公主一时兴起，推开了罗马的一家小理发馆的门，要求年轻的理发师将她的一头长发剪短。理发师显然是个行动派，对安妮公主提出的反时尚潮流的要求心领神会，拿起剪刀，咔嚓咔嚓几下后，就给安妮公主剪出了一头俏丽的短发。

安妮公主对镜中自己活泼俏皮的新形象非常满意，将往日端庄的公主形象以及肩负的烦琐公务与责任暂时抛诸脑后，开开心心地继续在罗马观光。

电影上映之后，赫本的这个反流行而俏皮感十足的发型立刻引起了极大的轰动，一时之间，无数女孩竞相模仿，这个发型也就成为直接以赫本名字命名的第一款"赫本头"。这在发型史上是经典，更是传奇。

不过，唯一美中不足的是，并不是所有女子都适合这款"赫本头"。只有那些小头小脸、五官集中深邃和清纯秀丽的女子，才能将这款短发"赫本头"演绎出时尚、清纯与俏丽来。

与这一款"赫本头"不同的是，另一款"赫本头"就是大家熟知的赫本在《蒂凡尼的早餐》中那款高贵而优雅的盘发发型了。电影中，荷莉剪着斜刘海，发髻高高绾起，中央再搭配以闪亮的王冠，发型一丝不苟，极富层次感，呈现出一派高贵与时尚。

如今，与赫本本人一样，这款"赫本头"也已成了简单和高贵的代名词，成为新娘们的首选发型。

高雅的贵族气质、有品位的穿着打扮、经典的发型、不俗的品位，奠定了赫本在时尚界的领袖地位。如今，全球仍有很多女明星对赫本趋之若鹜，她们竞相模仿赫本，尤其是《蒂凡尼的早餐》里赫本身穿小黑裙、高绾发髻、手执烟斗的经典造型，更是成为她们模仿的对象。然而，无论是范冰冰、张柏芝还是希尔顿的"赫本造型"，细看总有点怪怪的感觉，虽然她们借助小黑裙、赫本头和烟斗打造出酷似当日赫本的外在造型，但赫本的神韵是无法复制的。

确实，想将自己包装成形神兼备的翻版赫本，很难。

毕竟，女神赫本，永远只有一个。

03

好身材不会从天而降

现代女性，谁不渴望拥有一副好身材？有人追求身轻如燕、削肩细腰，有人则偏好丰乳肥臀、前凸后翘。正所谓燕瘦环肥，各有所好。但不管如何，为了追求一个美字，女人们历来都舍得对自己痛下狠手。

然而，是不是一定得刻意缩食、魔鬼锻炼甚至服用减肥药或动刀子削肉剔骨才能拥有一副好身材呢？

众所周知，赫本的身材高挑瘦削，年轻时腰身更是不盈一握，走在人群之中，极是出挑养眼。当时，媒体为了形容赫本之美甚至备感词穷：小马与瞪羚，或是流浪儿与小精灵，似乎都无法精准地勾勒出他们心目中奥黛丽·赫本的形象。

即便到了暮年，赫本的身材仍保持得很好，几乎没有走形。那么，赫本的塑身秘诀何在？

其实，赫本并非天生瘦削。二战时期，生活在荷兰的赫本正处于青春发育期，长期的食物匮乏导致赫本营养不良，这才是她身材瘦削的直接原因。战后，赫本前往伦敦学习芭蕾时，身高一米七，腰围却只有二十英寸，体重可想而知。

不过，赫本也曾肥胖过。还记得1951年出现于曼哈顿码头让米勒和鲁思大吃一惊的那只大肉饼吗？

平常日子里的赫本，很注意自己的饮食。

她对自己的每一餐从不马马虎虎地对付。

意大利面是赫本最爱吃的食物，为此，她会花将近四十五分钟的时间文火慢炖番茄汁，因为番茄汁是赫本烹调意大利面时的标配。而后，赫本将煮好的面条盛放到盘子里，再在面条上撒上自己喜欢的乳酪和罗勒叶，最后再浇上喷喷香的番茄汁。赫本非常讲究食物的色香味器，所以她烹调出的意大利面，颜色搭配得让人赏心悦目，更重要的是，口味也非常棒。

控制不住嘴巴，就控制不了体重。尽管意大利面是赫本的最爱，但她从来只肯吃一份，绝不纵容自己的食欲。

有些女孩为了控制自己的体重，对肉类与甜品敬而远之。赫本并不是素食主义者。赫本的食谱中，牛肉、鸡肉和鱼肉乃是常见的食材。而且，赫本也从不拒绝甜品。甜品对赫本来说，是无法抵制的诱惑。在赫本看来，要保持心情的愉悦，甜品必不可少，而且还要足够甜！所以，每次午睡之后，赫本都会吃一整块巧克力。

赫本保持好身材的秘诀还有每天坚持户外散步或慢跑。外出办事，尽量步行。

当然，还有一个原因不容忽视，那就是赫本从小打下的良好的芭蕾舞底子。由于长期练习芭蕾，赫本的上身虽然纤细，但手臂和腿部都很健美。无论是站着还是坐着，赫本的身体始终挺直如同小白杨，举手投足甚是优雅得体。

青春期遭遇战争与饥饿以及从小练习芭蕾，也许我们无法效仿。但是，注重饮食与锻炼，保持心情的愉悦，对我们来说并非难事。

好身材不会从天而降，但我们可以效仿赫本，用心去打造。

第二十四章 我不过是个受命运青睐的瘦女孩

01

要有一颗平常心

母亲埃拉一直教育赫本："让人注意你是很没有礼貌的行为，别以为自己有多了不起，大家并不在乎。"埃拉这种维多利亚时代的严厉教育对赫本产生的影响是显而易见的。

赫本非常低调。

她曾是世界上片酬最高的女演员，拿过奥斯卡奖、托尼奖、艾美奖、格莱美奖，然而赫本从来没有在好莱坞居住生活过，她的家远在瑞士，她在好莱坞拍片都是住旅馆或者借住在好友家里。

出门旅游，赫本一直坚持乘坐经济舱。在担任联合国儿童基金会亲善大使后，目睹了世界上还有那么多的人在忍饥挨饿，赫本更是觉得乘坐头等舱出行简直就是一种犯罪。至于自己的代步工具，赫本宁愿选择舒适和实用的车，如沃尔沃和奥迪，对奢华的豪车则敬而远之。

赫本做人更是谦和，即便是在她演艺事业如日中天的时候。

1953 年，《罗马假日》在纽约首映，美国影评人公认赫本已经成为熠熠红星，盛赞赫本表现突出，前途不可限量。

面对铺天盖地的赞誉，赫本没有飘飘然忘乎所以，而是非常冷静地回顾自己走过的路，而后给了自己非常客观的评价："在音乐剧中，我是一个只受过芭蕾训练的紧张女孩，必须观察其他人，才知道该如何举手投足。在舞台剧《金粉世界》里，我完全没有表演经验，却得登台。"

面对《罗马假日》的巨大成功以及随之而来的"明星"这个称号，赫本则将信将疑："截至目前，我不过是由宣传塑造出来的明星，是由记者造就的。但他们塑造的我只不过是个影子，除非观众认同我，否则就不是真的。"

如斯反省之后，赫本告诫自己："我得保持一颗平常心。"

赫本一直觉得自己非常普通，即便已经获得奥斯卡小金人以及数次获得奥斯卡奖最佳女主角提名，她也从来不对自己的同事、媒体记者摆谱。相反，拍片过程中，她从不迟到，从不对人乱发脾气。在与赫本共事过的导演与演员眼里，赫本是细心而体贴的，哪怕她的内心焦灼不安甚至濒于崩溃。

对狗仔队的围追堵截，赫本虽然也常生厌烦之心，却总能设身处地地为他们着想。因此，对待新闻记者，赫本一直保持着和蔼、礼貌和优雅的态度。

名扬四海后，赫本也不觉得自己身价有多高。1955 年，赫本同意出演《战争与和平》中娜塔莎一角，经纪人弗林斯为赫本争取到三十五万美元的片酬，赫本得知后，着实被吓了一跳："我没有这么高的价码——真是不可思议！请不要告诉任何人！"赫本的反应并非故作谦虚。她一直觉得自己就是一名学徒，虽然凭借勤奋努力在演艺事业上有了一些成就，但自己并没有多少天赋。至于自己总是能在一流电影中出演女主角，赫本认为那只不过是自己比其他人多了些运气罢了："如果我拿了一些奖，那是命运厚爱我。"

与赫本在《修女传》中有过合作的著名导演辛尼曼曾这样评价赫

本：“我从没见过比她更有纪律、更亲切、更忠于工作的人。她不自大，也不要求额外的待遇，总是非常体恤共事者。”

1962年，当得知自己将和著名男星加里·格兰特共同出演《谜中谜》时，赫本又是高兴又是紧张。导演多南安排两人见面的那天，赫本早早就到了。看到加里的那一刻，赫本紧张地站了起来，手忙脚乱中甚至撞翻了一瓶红酒。看着加里身上被自己弄脏了的乳白色西装，赫本窘迫万分、羞愧难当，连声道歉，哪有一点点好莱坞当红女星的做派啊！

1991年4月22日，纽约林肯中心电影协会上，与赫本合作过的大导演和明星们赞美她的成就，她起身说道：“我不过是个受命运青睐的瘦女孩，那瘦骨嶙峋的小女孩能够成为卖得出去的商品，实在太好了。”

赫本就是这样，任何时候都不把自己当作大明星看待。正因为能放低姿态，将自己看作一个学徒，看作一个普通人，赫本的演艺之路才越走越宽、越走越远。也正因为赫本能够保持低调、抱持着一颗平常心，她才能成为亿万影迷心中永远的女神。

这样的赫本，永远都不输给时光。

02

要有诱人的双唇，请说善意的言语

　　一个女人，怎样才能永葆美丽？

　　如果这个问题摆在赫本面前，她会毫不犹豫地回答你，要有诱人的双唇，请说善意的语言；要有美丽的双眼，要善于看到别人的优点；要有苗条的身材，请与饥饿的人分享你的食物。

　　还记得在《罗马假日》里与赫本搭档的格里高利·派克对赫本的那句经典评价吗？

　　"她从不说人坏话，道人长短，她的个性很好，她没有这一行常见的笑里藏刀、飞短流长的那种个性，我很喜欢她，其实我爱她，要爱上她实在太容易了。"

　　喜欢赫本，爱赫本的，又何止派克？

　　在《蒂凡尼的早餐》中，派拉蒙除了想删掉赫本亲自演唱的《月亮河》，还想删除曼西尼在片中的一大半背景音乐，因为他们觉得这些背景音乐显得多余。赫本得知后，写信给曼西尼，赞美曼西尼是"最会唱歌的猫"，坚决表态支持她："没有音乐的电影就像没有燃料的飞机，无论制作得多美，我们仍然留在地面，留在现实世界。你的音乐载着我们起飞翱翔，凡是我们不能用言辞说、用行动做的一切，你都为我们表达了。你用这么丰富的想象力、趣味和美完成这一切，你是最会歌唱的猫、最敏感的作曲家！谢谢你！"

如果你是曼西尼，这样的赫本，你喜欢不喜欢？爱不爱？

受到过赫本赞美的人，还有很多是曾和她同片演出的演员和导演。

《甜姐儿》首映大获成功，打破了票房纪录，赫本给制片人伊登斯写信，她是这样表达自己的开心的："我非常感激。太好了！太好了！请向汤普森（片中《品质》杂志主编的饰演者）道喜，因为影评对她的评论很不错，希望她有更多成功的记录……感谢你，我为你高兴……"而对自己在《甜姐儿》中的突出表现，赫本则只字不提。

1960 年 4 月，奥斯卡奖颁奖典礼前夕，赫本写信给《修女传》中路加修女的原型路，表示自己非常希望导演辛尼曼能够获颁大奖，因为辛尼曼顶着华纳兄弟的压力，如此不辞劳苦、不顾疲惫，全心全意地施展才华，才创造出这样的成绩。"信中，赫本还赞美了路和作者凯特，称她们俩是"拥有英勇灵魂和智慧言辞的天使"。

即便是对童年时抛弃自己的父亲罗斯顿，赫本也毫无怨言。虽然当年父亲的不辞而别，成为镌刻在赫本心灵深处的一道锐利与鲜活的伤口和赫本一生痛苦的根源。谈及父亲时，赫本还是会说："父亲非常英俊，出身好家庭。我对他没有恨意。母亲一再说他多么糟糕，但因为我不了解他，所以本能上总是会为他辩护。他的形象对我来说极为重要，我想象他在欧洲某地，孑然一身，日夜埋首写出重要的作品，总有一天，他会出现在我表演的舞台前面。"在费尽千辛万苦找到父亲后，赫本给父亲寄赡养费，给父亲写信，去父亲居住的地方看望父亲，尽管罗斯顿鲜少表达自己的感情，但他的心里一定是非常欣慰与满足的。

　　赫本就是这样，始终以一颗坦诚之心结交同行，善待家人，与人为善，懂得真诚地赞美与欣赏他人，所以，与赫本合作过的许多演员、导演都成了赫本的密友，如比利·怀尔德夫妇、格里高利·派克夫妇、黛博拉·蔻儿、威廉·惠勒、斯坦利·多南等，甚至连与赫本有着竞争关系的伊丽莎白·泰勒、索菲娅·罗兰等也都是赫本的好友。

　　我们对着高山喊"我爱你"，高山也会回应我们"我爱你"。要想永葆美丽，那么请像赫本那样，从赞美他人、欣赏他人、与他人分享成功与喜悦开始吧！

03

留一个坚强的背影给世界

赫本留给这个世界的太多太多——敬业先锋、时尚达人、慈善大使……

她为人低调友善,对待工作敬业勤恳。两度获得奥斯卡最佳导演奖项的比利 · 怀尔德曾说,赫本身上呈现的是一些消逝已久的品质,如高贵、优雅与有礼等。所以,连上帝都愿意亲吻她的脸颊,她就是这样一个讨人喜欢的人。

赫本一生,可谓获奖无数。

1954 年,凭电影《罗马假日》获颁奥斯卡小金人。此后,又有四部影片《龙凤配》《修女传》《蒂凡尼的早餐》《盲女惊魂记》获奥斯卡最佳女主角提名。1993 年,赫本与伊丽莎白 · 泰勒同获琼 · 赫尔肖特人道主义奖。

赫本是拿全了美国四大艺术奖项(电影奥斯卡奖、戏剧托尼奖、音乐格莱美奖和电视艾美奖)的九人之一。

至于其他荣誉,如总统自由勋章、美国电影协会百年百大明星、美国二百大文化偶像、"史上最有魅力女性"等,真是不胜枚举。

作为时尚达人，赫本影响并改变了半个多世纪以来人类的审美与时尚潮流。有"时装圣经"之称的时装杂志 *VOGUE* 曾以 29% 的得票率将她评为"世界时尚名人"第一名。赫本被认为是自然与美的化身，她性情温和，微笑时散发着独特的魅力，时尚杂志 *ELLE* 曾将赫本评选为"有史以来最美丽女人"第一名。

赫本带给世界的爱与感动并不仅限于自身的品行。晚年，赫本受邀出任联合国儿童基金会慈善大使，为全世界的苦难儿童奔走呼号。因此，赫本创造了以非美国公民的身份获得美国公民的最高荣誉"总统自由勋章"的传奇，而联合国也在总部为她树立起一座七英尺高的青铜雕像，并命名为"奥黛丽精神"，以表彰赫本为联合国所做的贡献。赫本是唯一获此殊荣的人。

某一年，赫本曾对着花园里百花竞放、争奇斗艳的景象发出过这样的感慨："美得让人难以置信——如此美好，如此精致。"而这，更像是赫本自己人生的写照。

一个女人，能够活得如此美好，如此精致，自有她的独特之处。

而赫本精神的内核，当属坚强。

童年时被父亲抛弃，十几岁时险些在二战中丧命，年少时的梦想被现实活活扼杀，两次婚变情路坎坷，晚年为世界儿童争取权益历尽艰辛，饱受癌症的折磨……没有一个女子的人生如此跌宕起伏，又如此精彩纷呈。面对人生中的种种挫折与磨难，赫本，这个优雅的女子，都微笑着一一挺了过去。

她留给世界的，是一个将美丽发挥到极致的坚强背影。

赫本弥留之际，诺贝尔和平奖得主特蕾莎修女呼吁所有修女彻夜为赫本祈祷，希望她能奇迹康复，祷告传遍了世界各地。

　　葬礼当天，瑞士政府下令上午十点至下午四点之间，把整个葬礼区设置为禁飞区。小镇居民和各地记者蜂拥而至。这个只有一千人左右的名叫托诺肯纳兹的小村庄，聚集了二万五千人。

　　有四任美国总统向奥黛丽发去悼念慰问信。里根总统称其为"一位真正伟大的人，人们将会十分想念她"。

　　听闻她的死讯之时，著名影星伊丽莎白·泰勒曾伤感地说，天使回到了天国。

　　一代巨星虽然已经陨落，但这位美丽的天使，她将永远与我们同在。

【全文完】

图书在版编目（ＣＩＰ）数据

独行不知芳华久：奥黛丽·赫本传 / 顾亚红著. --
南京：江苏凤凰文艺出版社，2018.7
ISBN 978-7-5594-2193-7

Ⅰ.①独… Ⅱ.①顾… Ⅲ.①奥黛丽·赫本(
Hepburn, Audrey 1929-1993)—传记 Ⅳ.①K837.125.78

中国版本图书馆CIP数据核字(2018)第113341号

书　　　名	独行不知芳华久：奥黛丽·赫本传
作　　　者	顾亚红
选 题 出 品	麦书房文化
责 任 编 辑	姚　丽
特 约 策 划	麦　坚
特 约 编 辑	诗　杰林　璧
责 任 监 制	刘　巍　江伟明
装 帧 设 计	80零·小贾
版 式 设 计	天　缈
出 版 发 行	江苏凤凰文艺出版社
出版社地址	南京市中央路165号，邮编：210009
出版社网址	http://www.jswenyi.com
印　　　刷	三河市国新印装有限公司
开　　　本	880毫米×1230毫米　1/32
字　　　数	232千字
印　　　张	8.5
版　　　次	2018年7月第1版，2020年4月第2次印刷
标 准 书 号	ISBN 978-7-5594-2193-7
定　　　价	46.00元

影视版权抢订热线　　010-57194853
江苏凤凰文艺版图书凡印刷、装订错误可随时向承印厂调换

AUDREY HEPBURN
biography